인생이 마법처럼 풀리는

만다라 명상

인생이 마법처럼 풀리는 만다라 명상

초판 1쇄 발행 2020년 3월 2일
초판 3쇄 발행 2022년 2월 25일

지은이 정연우(빅토리아)

발행인 백유미 조영석
발행처 (주)라온아시아
주소 서울특별시 서초구 효령로34길 4, 프린스효령빌딩 5F

등록 2016년 7월 5일 제 2016-000141호
전화 070-7600-8230 **팩스** 070-4754-2473

값 16,000원
ISBN 979-11-90233-54-5 (13180)

라온북은 독자 여러분의 소중한 원고를 기다리고 있습니다. (raonbook@raonasia.co.kr)

인생이 마법처럼 풀리는

만다라 명상

"마음이 꽃피면 삶이 축복입니다"

만다라 작가 **정연우(빅토리아)** 지음

RAON BOOK

※일러두기: 이 책에서 소개하는 만다라 명상은 수년간의 연구와 임상을 통해 만들어진 '마음꽃 만다라명상' 프로그램입니다.

프롤로그

만다라, 우주의 중심에 고요한 내가 있다

마음이 꽃피면 삶이 축복이다

"이 세상이 아름답고, 모든 존재가 아름답고, 그리고 내가 아름답다." 이렇게 말하기까지는 참으로 오랜 시간이 걸렸다. 명상 그림인 만다라(mandala)를 그리는 예술가이자 만다라 명상을 안내하는 명상 지도자로 살아온 지 10년이 되어간다. 만다라를 만나기 전까지 나는 혼란 속에서 길을 잃고 멈춰진 삶을 살고 있었다. 그러던 어느 날, 나는 내 마음의 지도를 찾아 한 손에 일곱 살 아이의 작은 손을 잡고 머나먼 땅 인도로 떠났다. 그곳에 살면서 동그란 지구를 닮은 명상 그림, 만다라를 만났고 그 후로 전혀 다른 새로운 삶을 살게 되었다.

인도로 떠나기 전에 교사였던 나는 사람들이 말하는 행복을 향해 다른 사람처럼 앞만 보고 달리는 삶을 살았다. 그런데 어느 날 사람들이 추구하는 행복과 나의 행복은 다르다는 것을 알게 되었다. 내게는 '나는 누구인지', '나는 어떻게 살아야 하는지'에 대한 근원적 물음들이 있었고, 그 답이 너무도 궁금했다. 나는 우리 뇌의 기관인 송과체를 상징하는 '솔방울'을 그리는 작가이기도 했는데 만다라를 만나기 전까지 7년 동안 그림에 색채를 쓰지 않았다. 그 당시 나는 무채색의 옷을 입고 색깔을 잃은 무채색의 삶을 살았다. 그리고 삶의 극점에서 미지의 땅 인도로 깨달음을 찾는 순례의 길을 시작했다.

그렇게 찾은 인도는 영혼의 질문을 가지고 찾아온 나를 빈손으로 돌려보내지 않았다. 우연히 만난 낯설고도 익숙한 둥근 그림 만다라는 나에게 신비롭고 인상적으로 다가왔다. 그것은 내가 어릴 적 혼자만의 시간 속에서 낙서장에 무수히 그린 동그라미 그림들과 닮아 있었다. 이렇게 인도와 네팔, 히말라야에서 만난 만다라는 내가 평생을 찾아 헤매던 근원에 대한 답들이 나의 둥근 마음 안에 있다는 것을 깨닫게 했다.

나는 긴 순례의 길을 마치고 한국으로 다시 돌아와 만다라를 그리면서 내 안의 근원의 빛을 찾기 시작했고, 많은 사람들과 이 빛을 함께 나누기 시작했다. 먼 길을 돌고 돌아와서 비로소 어디론가 무엇을 찾아 떠날 필요가 없다는 사실을 알게 된 것이다. 나의 집은 지금 여기, 내가 있는 바로 이곳이다.

고요한 중심과 만나다

물질문명의 극점에서 현대인들은 이제 마음을 바라보기 시작했다. 그동안 수고하고 애쓴 내 마음을 돌보고 자신만의 행복을 찾는 시대다. 세계적인 기업에서 명상경영을 도입하는 이유도 직원 개개인의 내면의 행복이 기업의 생산성과 효율성을 높이기 때문이다.

우주와 하나 되는 명상 도구로 오래된 동양의 지혜를 지니고 있는 만다라는 현대 미술심리치료의 도구로 활발하게 사용되면서 최근에는 시각적 명상법으로도 주목받고 있다. 서구에서 '명상하다(meditate)'라는 말은 라틴어에서 유래한 것으로 '중심으로 들어가다'의 뜻이다. 내가 불안하고 긴장된 상태라면 자신의 중심 안으로 들어갈 때 비로소 편안해진다. 불안하고 시끄러운 마음도 완전한 파동을 가진 둥근 원에 들어가면 금세 편안해지고 고요한 중심과 쉽게 만날 수 있다. 명상이란 특별하고 초월적인 것이 아니라 이렇게 자신의 내면을 바라보는 것이다. 우리는 자신의 내면과 만날 때 자신을 이해하고 사랑할 수 있게 된다.

만다라 명상은 둥근 원과 만나는 것에서부터 시작한다. 이때 둥근 원은 우주와 연결된 확장된 에너지를 가진 신비로운 형상으로 우리가 처음 존재했던 태초의 공간인 둥글고 따뜻한 엄마의 자궁에서 느꼈던 안정되고 편안함을 기억하게 한다. 만다라 명상을 하는 아이들은 이것을 정확하게 기억해낸다. 이처럼 안전한 둥근 원 안에서 명상을 하면서 손과 팔이 파동의 춤을 추면 내면의 무의식은 형형색색의 이미지들로 저절로 드러난다. 보이는 것을 믿는 현대인들은 보이지 않는 마음의 파동을 시각화하여 이를 눈으로 관찰할 때 뇌가 그것을 인식하고 자각과 통찰이 일어나게 되는 경우가 많다.

만다라 명상은 간단한 컬러 도구를 가지고 누구나 언제 어디서든 쉽게 할 수 있는 시각 명상이고, 몸을 저절로 움직이는 행동 명상이며, 오감을 체험하는 놀기 본능에 의한 창조적 예술 명상이다. 또한 몸과 마음의 긍정적 에너지를 강화시키는 파동 명상이고 소우주인 내가 큰 우주와 연결되는 명상의 궁극으로 안내하는 위대한 명상 도구이다.

행복을 찾아가는 내 마음의 지도

이 책은 카를 융의 분석심리학이론에 바탕을 둔 현대 심리학에 기반을 두고 있다. 카를 융의 만다라 연구 이후 만다라는 무의식을 정돈해 자아정체성을 찾아가는 과정으로 인식되면서 여러 분야에서 응용되고 있다. 나는 이 책을 통해 인류의 오래된 지혜인 만다라를 현대적인 새로운 방법으로 안내하고자 한다. 많은 심리 또는 명상 프로그램이 내면의 아픔에 집중할 뿐 더 나아가지 못하는 경우가 많다. 그러나 '헤어진 애인을 잊는 가장 빠른 방법은 새로운 애인을 만나는 것'이라고 했다. 상처와 아픔 속에서 나오는 가장 빠른 방법은 내 안의 밝은 빛을 꺼내는 것이다. 우리는 이제 고통의 그림자에서 나와 축복의 빛으로 나아가야 한다. 현대인에게 만다라 명상은 쉽고 재미있고 빠르게 불균형의 파동을 온전한 파동으로 회복하고 자신이 진정 원하는 행복을 찾아가는 마음의 지도가 될 것이다.

오랫동안 그림자에 쌓여 아팠던 내가 만다라의 빛을 나누는 것은 이 삶에서 가장 큰 축복이다. 이전까지 무채색의 먹 그림을 그렸던 나는 스승의 가르침으로 빛의 만다라를 그리기 시작했고, 만다라 명상을 통해 많은 사람들을 그림자에서 빛으로 안내했다. 이 지구의 삶에서 마음꽃이 피는 만다라 여정을 갈 수 있도록 모든 것을 가르쳐주신 나의 위대한 스승님 키마스터 바로 황수현 님께 이 책을 바친다.

이 책은 두 부분으로 나눠져 있다. 앞부분은 만다라 명상이 현재 왜 주목을 받고 있는지와 함께 만다라에 대한 원리를 다뤘다. 뒷부분은 삶 속에서 어떻게 만다라 명상을 적용할 수 있는지 명상법을 소개했고, 삶의 주제별 이슈에 맞게 만다라 명상을 할 수 있는 만다라 작품을 소개했다. 앞으로 많은 분들이 만다라 명상을 통해 고요한 중심을 만나 자신의 세상의 주인공으로 우뚝 서길 바란다. 마지막으로 자신 안에서 밝은 빛을 찾고 그 빛을 세상과 나누고 싶은 분들께 이 책을 권한다.

PART 1
내 삶의 주인이 되는 만다라 명상

1장 왜 지금, 세계인은 만다라 명상에 열광할까?

2장 만다라는 무엇인가?

PART 2

삶 속에서 실천하는 만다라 명상

1장 자신의 참모습을 찾아주는 만다라 명상법

2장 물질적 풍요를 끌어오는 만다라 명상법

3장 인간관계를 풀어주는 만다라 명상법

PART 1

내 삶의 주인이 되는 만다라 명상

1장

왜 지금, 세계인은 만다라 명상에 열광할까?

스티브 잡스는
왜 명상을 했을까?

애플의 창업자 스티브 잡스가 젊은 시절에 명상하는 사진이 한동안 인터넷에 올라온 적이 있다. 1982년, 27세에 이미 억만장자가 된 스티브 잡스가 낮은 조명을 켠 마룻바닥에 앉아 고요하게 차를 마시면서 깊은 명상에 잠겨 있는 사진이다. 그는 이 당시를 떠올리면서 이렇게 말했다.

"필요한 것이라곤 한 잔의 차와 조명, 그리고 음악뿐이었다."

그는 청소년 시절에 자신의 부모가 친부모가 아니고 자신이 입양아라는 사실을 알고 정체성에 대해 고민하면서 방황했다. 1960년대 미국의 진보적인 지식인들과 젊은이들은 동양 사상과 선불교에 관심이 많았는데, 그에게도 이러한 동양 사상은 신비롭게 다가왔다. 그래서 대학에 들어간 뒤에도 영성과 깨달음에 대한 책들을 읽었고, 인도의 그림과 향으로 꾸민 명상공간을 만들어 친구들과 함께 명상을 하기도 했다. 또한 눈에 보이는 일상 너머 눈에 보이지 않는 것을 찾아서 머나먼 땅 인도를 여행하며 자신이 누구인지 또 어떻게 살아야 하는지에 대한 깨달음을 얻고자 했다.

이렇게 동양 사상은 그의 삶 속에서 많은 영향을 끼쳤다. 정체성의 혼란을 겪던 십 대를 보낸 잡스에게 동양 사상은 새로운 세계를 가져다주었고, 이후 애플의 혁신적 사고와 제품을 탄생시키는 데 크게 기여했다.

깨달음을 얻고자 떠난 인도 순례 이후에 스티브 잡스는 서구사회의 논리적·이성적 사고가 지닌 한계를 인식하게 되었고, 명상은 그의 삶의 일부가 되었다. 그는 "내 열정과 창의력의 원천은 아침마다 하는 명상에 있다"라고 말했는데, 이처럼 그의 모든 제품의 창조성과 혁신적 아이디어는 명상적인 생활에서 나왔다. 그는 동양의 정신수행인 명상을 스트레스 조절, 심리적 안정 등 정신적·육체적인 건강의 차원을 뛰어넘어 직관을 깨우고 영감과 통찰력을 얻고 깨달음을 얻는 방법으로 활용한 사람이다.

다음은 현대 사회에 한 획을 그은 스티브 잡스가 명상을 통해 얻은 것 세 가지다.

본질과 만나는 단순한 삶

복잡한 현대사회에 대한 반작용으로 미니멀 라이프가 유행이다. 불필요한 것을 버리고 비웠을 때 공간은 밝아지고 삶은 더 여유롭고 풍요로워진다. 꼭 필요한 가구와 물건만 있는 방은 고요함으로 가득하다. 자신의 내면을 바라보는 명상은 복잡한 우리의 생각과 마음을 단순화시키는 과정이다. 스티브 잡스의 삶의 키워드인 'simple'은 명상의 핵심이기도 하다.

> 더 이상 덧붙일 게 없을 때가 아니라 더 이상 뺄 게 없을 때 비로소 완성된다.
>
> — 월터 아이작슨, 《스티브 잡스》, 민음사, 2015.

스티브 잡스는 핵심만 남기고 나머지를 배제한 단순한 기능과 디자인을 강조했다. 자신의 삶에서뿐만 아니라 자신이 만드는 모든 제품에 대해서도 간결함을 강조하며 본질만 남기고 모두 버리라고 했다.

그는 자신의 집중력과 단순함이 선 수행에서 나오는 것이라고 말했다. 명상을 통해 집중된 마음의 힘이 길러지면 불필요한 생각과 마음의 잔가지들은 자연스럽게 정리가 된다. 이처럼 마음이 하나로 모아진 순수한 집중을 삼매(三昧)라고 한다. 복잡한 생각과 마음이 걷힌 순수하고 편안한 집중을 말한다. 이것이 훈련되면 자신의 생각과 마음의 스위치를 스스로 조절할 수 있게 된다.

스티브 잡스는 삶의 본질을 바라보기 위해 명상을 생활화했고 그의 간결하고 단순한 제품들도 이러한 그의 정신에서 탄생했다. 애플사 사내에는 명상실이 있고 직원들은 근무시간에 매일 30분씩 명상을 하면서 본질과 만나는 단순화를 훈련했다. 나무의 줄기가 단단하면 큰 가지 몇 개를 중심으로 전체 모양이 만들어지는 것처럼, 본질을 꿰뚫는 힘은 집중된 힘과 단순함을 만든다.

내면의 소리를 듣고 직관에 따르는 삶

스티브 잡스가 2005년 췌장암을 이겨내고 스탠퍼드대학교 졸업식 연설에서 다음과 같이 말했다.

여러분의 시간은 한정되어 있습니다. 다른 사람의 삶을 사느라 시간을 낭비하지 마십시오. 타인의 견해라는 소음이 여러분 내면의 목소리를 덮어버리지 못하게 하세요. 무엇보다 중요한 것은 여러분의 마음과 직관을 따르는 용기를 가지라는 것입니다. 마음과 직관은 여러분이 되고 싶어 하는 바를 이미 알고 있습니다. 그 외에 모든 것은 부차적인 것입니다.

그는 이성적이고 합리적인 논리보다는 자신의 내면의 소리에 귀를 기울인 사람이다. 그가 만든 모든 제품들의 창조성은 그의 직관이 만들어낸 것이었다. 그는 누구보다 자신의 내면의 목소리에 귀를 기울이고 자신의 삶을 선택해서 살았던 사람이다. 그것은 젊은 시절부터 삶 속에서 실천해왔던 명상의 결과였다.

외부 세상을 바라보면 혼란과 시끄러움은 가시지 않는다. 인생의 답을 찾으려고 A와 얘기하면 A의 말이 맞는 것 같고, 또 B와 얘기하면 B가 맞는 것 같다. 이렇게 타인의 목소리를 따라 살다 보면 어느새 타인의 인생을 살아가고 있는 자신을 보게 된다. 결국 어느 길이 맞는지 혼란에 빠진 삶을 살게 된다. 내가 무엇을 원하는지, 어디로 가고 싶은지 나에게 먼저 물어봐야 한다. 이렇게 자신의 내면의 소리를 듣기 위해서는 자신 안의 고요함과 만나야 한다. 그래야 순수한 내면의 힘이 발현되는 것이다.

직관과 창조성이 깨어난 삶

스티브 잡스는 최신 학문이나 이론이 아니라 아이러니하게도 오래된 동양의 정신수행인 명상을 통해 창조성을 얻었다.

인도에서 7개월을 보내고 돌아온 후 저는 서구 사회의 광기와 이성적 사고가 지닌 한계를 목격했습니다. 가만히 앉아서 내면을 들여다보면 우리는 마음이 불안하고 산란하다는 것을 알게 됩니다. 그것을 잠재우려 애쓰면 더욱더 산란해질 뿐이죠. 하지만 시간이 흐르면 마음속 불안의 파도는 점차 잦아들고, 그러면 보다 미묘한 무언가를 감지할 수 있는 여백이 생겨납니다. 바로 이때, 우리의 직관이 깨어나기 시작하고 세상을 좀 더 명료하게 바라보며 현재에 보다 충실하게 됩니다. 마음에 평온이 찾아오고 현재의 순간이 한없이 확장되는 것이 느껴집니다. 또 전보다 훨씬 더 많은 것을 보는 밝은 눈이 생겨납니다. 이것이 바로 마음의 수양이며 지속적으로 훈련해야 하는 것입니다.

— 월터 아이작슨, 《스티브 잡스》, 민음사, 2015.

명상을 통해 마음 안에서 여백이 생겨날 때 우리의 직관이 깨어나며, 새로운 아이디어와 만날 수 있게 된다. 명상은 시끄럽고 불안정한 뇌파인 베타파를 안정시켜 세타파(theta wave)로 전환시키고 직관과 창조성이 깨어나도록 하는 효과가 있다. 가장 창조적인 순간은 내 마음의 중심과 만나는 집중된 상태인 세타파의 상태다.

스티브 잡스는 모든 사람들이 더 나아지길 원했고 새로운 창조물이 전 인류에게 기여하기를 원했다. 그리고 스스로를 예술가라고 생각했으며 단순한 기술이 아니라 보이는 세계 너머의 창조적 정신을 제품에 담고자 했다. 이러한 그의 정신에는 동양의 명상이 뿌리 깊게 자리하고 있었다. 그는 평생 기술을 넘어서 인류에게 기여하는 아름다운 제품을 만들기를 원했던 예술가이자 엔지니어, 명상가였다.

이미 뇌과학, 심리학 등에서도 명상의 효과는 과학적인 연구와 실험으로 증명되었지만 현대인들이 삶을 살아가면서 전통적 명상 방법을 실행하기에는 어려움이 많다. 또 어디론가 떠나 깊은 자아를 성찰하는 시간을 갖는다면 삶 전체의 흐름이 깨지기 때문에 그것도 쉬운 일은 아니다.

명상에 대한 수요가 급증하는 추세지만 현대인에게 맞는 명상법이 필요하다. 보이는 시각 정보를 신뢰하는 현대인들에게 마음을 시각화하는 만다라 명상은 다양한 컬러의 도형으로 짧은 시간에 마음을 정렬할 수 있는 최고의 명상법이다.

카를 융은 왜 만다라를 그렸을까?

외부를 바라보는 자는 꿈꾸고, 내면을 바라보는 자는 깨어난다.

(Who looks outside, dreams, Who looks inside, awakens)

— 카를 구스타프 융(Carl Gustav Jung,1875~1961)

우리 모두는 각자 인생의 여정에서 다양한 경험을 통해 삶을 배우면서 성장해나간다. 젊은 시절에는 호기심이 가득한 눈으로 세상을 바라보면서 외부 세계를 향해 눈을 뜬다. 이 세상의 관계들 속에서 희노애락의 다양한 맛을 경험하면서 자신의 존재를 찾으려고 하다가 점차 나이를 먹으면 우리의 삶의 방향은 외부에서 내부 세계로 향하게 된다.

'이렇게 사는 것이 맞는 것인가? 무엇을 위해 이렇게 앞만 바라보면서 달리는 것일까?'와 같은 질문을 스스로에게 던지면서 남들이 말하는 성공과 행복이 아니라 자신만의 행복을 찾기 시작한다. 삶의 관점이 이렇게 외부에서 내부로 변하면서 나는 운명처럼 만다라를 만났고, 현대 심리학의 거장인 카를 융을 만나게 되었다.

정신과 의사이자 분석심리학의 선구자 카를 융은 의학과 심리학, 인문학, 예술 등 다양한 분야에 지대한 영향을 미쳤다. 그는 인생에 있어서 중년기의 중요성을 강조했는데, 그때부터 삶의 방향이 내부로 향하면서 의식과 무의식이 잘 통합되면 진짜 자기다운 삶을 살게 된다고 말한다. 삶을 치유하는 영혼의 의사라고 불리는 그는 이성과 합리를 추구하는 서구 물질사회의 한계를 느끼며 현대인의 심각한 정신적 문제를 한마디로 무의식 세계와의 단절이라고 했다. 그리고 그 대안으로 동그란 마음 그림 만다라를 주목했다.

영혼의 의사, 카를 융

카를 융은 젊은 시절 프로이드와 결별한 후 심각한 심리적 위기로 외부와 단절하고 은둔하는 동안 자신의 마음을 표현하는 동그란 그림을 우연히 그리기 시작했다. 이 그림들이 자신의 깊은 무의식을 나타낸다는 것을 발견하고 거의 매일 그리면서 마음을 치유했고 결국 심리적 균형을 회복하게 되었다. 카를 융은 만다라에 대한 정보가 전혀 없는 상태에서 1916년에 처음 원형 그림을 그리기 시작했고, 몇 년이 지난 후에 자신이 그린 그림들이 인도의 전통에서 '만다라'라고 부르는 것과 같은 형태라는 사실을 발견하고는 그것을 연구하기 시작했다.

융은 자전적 저서 《카를 융, 기억 꿈 사상》에서 자신이 경험한 만다라에 대해 다음과 같이 서술하고 있다.

> 나의 만다라 그림들은 날마다 새롭게 나타나는 '자기' 상태와 연관되는 암호와 같은 것이었다. 그 속에서 나는 자기, 즉 나의 전체성이 활동하는 것을 보았다. 물론 처음에는 만다라 이미지들을 어렴풋이 이해할 수 있을 뿐이었다. 하지만 그것은 매우 중요한 표시로 여겨졌고, 나는 그것을 값비싼 진주 다루듯 했다. 나는 그것이 어떤 핵심적인 것을 의미한다는 사실을 분명히 느꼈고, 그 기간에 '자기'에 관한 생생한 개념을 얻게 되었다. 자기는 나 자신인 동시에 나의 세계인 단자(單子)와 같은 것이라 생각되었다. 만다라는 이 단자는 표시하며 정신의 소우주적 성질에 해당했다. (……) 만다라를 그리기 시작하면서 나는 그 모든 것, 내가 걸어온 모든 길, 나의 모든 발걸음이 하나의 점, 즉 중심점으로 돌아간다는 것을 알게 되었다. 만다라가 중심이라는 사실이 더욱 분명해졌다. 그것은 모든 길의 표현이다. 그것은 중심을 향한 길, 즉 개성화의 길이다.
>
> — 카를 융, 《카를 융, 기억 꿈 사상》, 김영사, 2007, 356~357쪽

융은 만다라를 직접 그리는 경험을 통해서 눈에 보이지 않는 자신

의 무의식을 탐구했고 만다라의 우주적, 영적인 의미를 발견했다. 그는 인간의 심리를 연구하면서 신비, 초과학, 연금술, 동양의 종교와 도교, 주역 등을 연구한 반면 프로이트는 이처럼 눈에 보이지 않고 과학적으로 증명될 수 없는 것에 관심을 갖는 융에게 불만을 느꼈다. 그러나 융은 과학적으로 규명할 수 없는 거대한 세계가 인간의 내면에 있다고 확신하고 그것을 정신의학의 입장에서 최대한 논증하려고 했다. 그에게 만다라는 자신의 심리적 위기를 극복하고 내면의 조화를 회복하는 안전한 피난처와 같았다.

그는 오래된 동양의 마음수행의 지혜인 만다라를 새롭게 재발견하여 현대 심리치료에 도입했다. 융의 연구 이후 만다라는 개인의 무의식을 정돈하며 자아정체성을 찾아가는 과정으로 인식되면서 현재 학교, 교육기관, 병원 등에서도 다양하게 활용되고 있다.

내면의 신성을 찾는 영혼의 지도

융은 우리 삶의 목표를 '개성화(individualization)'라고 했다. 개성화는 진정한 나를 찾는 길이고 자기다운 삶을 사는 것이다. 자신이 본래 가지고 태어난 잠재력을 온전히 꽃피우는 것이다. 모든 교육의 목적도 이러한 자기실현에 있다. 이것은 마치 인류의 위대한 성자인 예수의 길, 부처의 깨달음처럼 우리 자신 안의 위대한 신성을 찾아가는 구도자의 여정과도 같다. 만다라는 이러한 길을 안내하는 영혼의 지도가 된다.

융은 만다라를 무의식을 의식화하는 내면의 성장의 도구로 보고, 만다라가 자신의 고유한 모습을 찾아가는 개성화의 과정을 나타내는 이미지라고 했다. 무의식이란 자신이 인식하지 못하는 마음으로, 우리의 몸과 마음에 파동으로 기록된 에너지이며 머리로는 아는데 내 마음대로 되지 않는 마음이다. 예를 들어 '엄마에게 잘 해드려야지' 하고 마음을 굳게 먹어도 무의식에 엄마에 대한 분노가 있으면 엄마를 만나면 자신도 모르게 화가 난다. 이것이 무의식의 작용인데 무의식은 이처럼 우리의 대부분의 삶을 결정한다. 카를 융은 현대인의 문제를 한마디로 진단하면 무의식 세계와의 단절이라고 했다.

무의식을 의식화하지 않으면 무의식이 우리 삶의 방향을 결정하게 되는데 우리는 바로 이것을 두고 '운명'이라고 부른다.

— 카를 융

만다라의 둥근 원은 이러한 무의식의 세계로 우리를 안전하게 초대한다. 고유한 주파수를 가진 컬러와 도형, 다양한 생명 재료를 통해 무의식이 정화되고 치유가 시작되는 것이다. 분열되고 분리된 무의식의 이미지들이 점차 둥근 공간에서 조화와 균형을 이루면서 통합으로 나아가게 된다. 이렇게 만다라는 우리가 시각적으로 바라보고 통찰하면서 스스로 길을 찾아갈 수 있도록 안내한다.

만다라는 마법의 원, 영혼의 창이다

융은 자신이 그린 만다라를 무의식의 암호문으로 여기고 귀한 진주처럼 보관했으며, 마치 암호문을 해독하듯 만다라의 컬러와 이미지를 관찰하고 의미를 알아가면서 스스로 무의식이 치유되는 경험을 했다. 미지의 만다라 여행의 긴 터널을 빠져나와 드디어 '개성화'라는 온전한 자기실현을 이룬 것이다. 또한 이러한 자기치유의 생생한 경험을 통해서 만다라가 개성화의 과정에서 이루어지는 그림이라는 것을 확신하면서 만다라의 치유의 힘을 학문적으로 연구하고 심리치료에 적극 활용했다.

학창 시절에 마음이 불안하고 조바심이 들 때 연습장이나 노트 한 귀퉁이에 수많은 동그라미들을 반복적으로 그리면서 깊은 호흡을 내쉬었던 기억이 있다. 그리고 오래전 삶의 절벽에서 나는 다시 둥근 명상 그림 만다라와 함께 새로운 삶을 시작했다. 그동안 내가 만난 많은 사람들이 만다라를 통해서 자신 안의 어둠을 소멸하고 빛의 여정을 걸어갔다.

동양의 지혜인 명상이 마음의 행복을 찾는 대안으로 떠오르는 지금, 카를 융을 통해 새롭게 발견된 만다라가 다시 주목을 받고 있다. 보이는 마음 그림인 만다라는 현대인에게 짧은 시간에 쉽고 재미있게 자신의 마음을 바라보고 치유하고 자신이 원하는 길을 찾아갈 수 있게 하는 내면의 길잡이가 되고 있다.

스트레스의 해결책,
만다라 명상

스트레스를 명상으로 다스려라

얼마 전 우리나라 사람들이 자주 사용하는 외래어 중 1위가 '스트레스(stress)'라는 기사를 보았다. 말을 배우는 어린아이가 '스트레스'를 이야기하는 것을 보고 놀란 적이 있다. 이처럼 스트레스라는 말을 입에 달고 사는 것이 현대를 살아가는 대부분의 사람들의 모습이다. 스트레스는 몸과 마음이 감당하기 어려운 불편한 감정으로, 만병의 근원이라고 한다.

한국인의 일상생활 스트레스와 직무 스트레스는 OECD 최고 수준이다. 입시경쟁과 취업난, 힘든 직장생활, 자살률 세계 1위라는 지표에서도 알 수 있듯 어른 아이 할 것 없이 모두가 전 생애에 걸쳐서 다양한 스트레스를 가지고 있다.

한국인들의 딱딱하게 굳어 있는 얼굴 뒤에는 해소되지 못한 불편한 감정들이 있다. 스트레스가 높으면 행복은 자연스레 멀어진다. 우리가 음식을 먹으면 소화를 통해 배설을 하는 것처럼 우리가 느끼는 모든 감정들은 자연스럽게 흘러가야 하는데 감정이 흐르지 못하면 마음의 병이 되는 것이다.

명상의 가장 큰 효과는 스트레스 감소와 예방에 있다고 한다. 뇌과학과 심리학, 정신의학 분야에서 명상에 대한 과학적인 연구와 효과가 증명되면서 기업과 학교, 병원, 관공서 등도 줄줄이 명상을 도입하고 있다. 또 정서 안정과 집중력 및 기억력 향상, 창의성 향상, 정신적·신체적 활력 증대, 신체의 면역계 강화 등 명상의 긍정적인 효과를 다룬 논문들이 쏟아져나오고 있다.

명상에 대한 궁금증

화려하고 시끄러운 바깥세상에 익숙한 현대인들에게 눈에 보이지 않는 내 마음을 찾는 명상은 낯설고 어렵게 느껴질 수 있다. 많은 사람들이 명상에 대해 가지고 있는 대표적인 궁금증을 같이 알아보자.

"저는 왜 명상을 하는데 화가 날까요?"

나에게 이렇게 묻는 사람들이 가끔 있다. 사실 명상을 수십 년 해도 화가 일어날 수 있다. 명상은 자신의 화를 없애는 것이 아니라 화가 난 마음을 보는 것이기 때문이다. 내가 왜 화가 나는지 자각하고 화가 나고 속상한 내 마음을 따뜻하게 안아주는 것이 명상이다. 우리는 평생 화가 나는 감정을 억누르고 참아서 '화병'에 걸린 민족이다. 자신의 불편한 감정을 어떻게 해결해야 하는지 아무도 가르쳐 주지 않았기에 참았던 감정이 한번에 폭발하기도 하고, 때로는 아예 감정을 느끼는 것을 차단하면서 살기도 한다.

우리의 마음은 다양한 감정으로 표현되기 때문에 화, 슬픔, 불안 등의 감정이 드는 것은 지극히 자연스러운 현상이다. 화가 나면 그 원인을 이해하고 있는 그대로 화라는 감정을 존중할 때 그 '화'는 자연스럽게 흘러갈 수 있다. 우리의 모든 희노애락의 감정은 존중받아야 한다.

"명상을 하면 착한 사람이 되는 건가요?"

명상은 특별한 훈련이나 특정한 사람만이 할 수 있는 것이 아니다. 현대사회에서 명상이란 신비롭고 현실과 동떨어진 것이 아니라 매우 현실적이고 실존적인 자기 관리, 자기 성찰의 방법으로 자리 잡고 있다.

명상을 한다고 해서 순하고 착한 사람이 되는 것은 아니다. 명상을 하고 난 뒤에 그동안 참고 말하지 못했던 이야기들을 하는 사람도 있다. 그것은 명상을 통해서 진짜 자신의 마음을 보았기 때문이다. 예를 들면 '나는 착한 사람이다'라는 틀을 가지고 있었다면 명상을 통해서 자신의 가면을 벗고 자신의 진짜 마음을 보게 된다. 나의 진짜 마음이 남에게 좋은 사람으로 보여 인정받길 원한다면 이를 존중해주고, 내가 왜 그러한지를 자각하고, 내가 원하는 것이 무엇인지를 찾아서 나아가게 된다. 이렇게 자신을 있는 그대로 바라보고 존중하는 과정이 바로 명상이다.

"명상을 하면 깨달음을 얻는 건가요?"

명상을 하면 지금 이 순간 깨어 있는 의식으로 살아가게 된다. 깨달음이란 지금 현재의 삶을 사는 것이다. 명상을 한다고 현실을 떠나 산 속으로 들어가거나 멀리 순례의 길을 떠날 필요가 없다. 마음을 찾기 위해 먼 길을 떠난다고 해도 자신의 마음을 보지 않으면 속이 시끄럽기는 마찬가지다. 어느 정도 명상 수련으로 마음이 고요해져도 현실에서는 다시 마음이 금세 흙탕물이 되기 쉽다. 또 마음을 중요시하여 자신의 현실과 물질을 소외시킬 때 삶의 불균형이 일어나기도 한다. 마음의 풍요와 물질의 풍요가 함께했을 때 삶이 행복해진다.

명상이란 자신의 마음을 바라보는 것이다. 내 마음의 중심을 회복하고 내 마음의 지도를 찾아 나갈 때 우리는 행복으로 나아갈 수 있다. 지금 내 마음이 힘들다면 왜 내가 그러한지 자각하고, 무엇을 원하는지 바라보고 내가 진정 원하는 삶으로 나아가는 것이 명상의 핵심이다.

명상, 기업의 문화가 되다

오랫동안 동양에서 마음의 행복을 찾는 지혜로 사용되었던 명상은 이제 현대인에게 문화로 자리 잡고 있다. 구글, 애플 등 실리콘밸리의 앞서가는 첨단 IT 기업들이 줄줄이 경영에 명상을 도입하고 있다. 이렇게 세계적인 기업들이 혁신적이고 빠른 디지털 속도와는 정반대로 느리고 눈에 보이지 않는 내면에 집중하는 동양의 명상을 선택했다. 구글은 내면검색 명상 프로그램을 도입했는데, 그 결과 직원들의 감성지능(EQ)이 높아지고 자신감과 업무능력, 리더십이 향상되어 직원들의 참여가 줄을 잇고 있다.

국내 기업들도 발 빠르게 질 높은 직원 교육 프로그램의 하나로 명상을 도입하기 시작했다. 앞서가는 기업들이 명상을 도입하여 직원들의 마음을 챙기는 이유는 무엇일까? 직원들 개개인의 마음을 평화롭게 하는 것이 회사 조직 안에서의 소통과 인간관계, 업무 효율성 및 생산성과 관련이 있기 때문이다.

미국 예일대학교 연구팀의 연구결과에 따르면, 우울증에 걸린 근로자는 정신적으로 건강한 근로자보다 결근율이 2배 높고, 생산성 손실이 7배에 달한다고 한다. 따라서 글로벌 기업은 성공적이고 효율적인 조직을 만들고 생산성을 높이고자 마음을 경영하는 명상 경영을 선택하고 있다.

과거에는 기업이 직원들의 업무역량이나 기업성장에만 초점을 맞추었다면 이제는 직원들 각자의 내면 성찰을 통한 개인의 행복을 중요하게 여기고 있다. 직원들이 스트레스를 해소하고 건강하고 행복한 삶을 살도록 지원하는 것이 결국 회사의 전반적인 성장에도 도움이 된다고 본 것이다. 이것이 바로 세계 최고의 IT 기업에서 동양 정신문화의 정수인 명상을 도입하는 이유다.

직원들의 마음 행복, 기업이 직접 발 벗고 나서다

개인이 많은 시간을 보내는 직장의 조직이 자신에게 어떤 의미를 갖는지는 매우 중요하다. 직장이 마음에 들지 않으면, 직장에 가는 것이 두려워지고 업무가 지겹게 느껴지고 한마디로 회사를 다니는 것 자체가 불행해진다. 대수롭지 않은 일에도 짜증이 나고 화가 나고 우울해진다. 또 업무에서 동료나 고객들과도 자주 문제가 발생하고, 대인관계에도 문제가 생긴다. 이처럼 심리적 건강이 중요한 사회적 이슈로 떠오르면서 이를 해결하기 위한 방법으로 명상이 주목받고 있다.

구글의 엔지니어이자 명상가인 차드 맹 탄(Chade Meng Tan)은 "사람들이 건강해지기 위해 운동을 하듯, 명상도 마음을 위한 운동이란 관점에서 다가가 보급해야 한다"라고 말했다. 구글의 초기 멤버이자 어릴 때부터 천재 엔지니어였던 그는 세계평화에 기여할 방법으로 명상을 선택했다. 그리고 세계적인 신경과학자와 심리학자, 선승들을 초청해 명상에 기반한 정서지능과 리더십 프로그램 'Search Inside Yourself(내면 검색)'을 개발했다.

현재 이 프로그램은 구글을 비롯한 페이스북, 링크드인 같은 실리

콘밸리의 기업에서 널리 운영되고 있다. 여기에 참여한 구글 직원들은 이전보다 훨씬 더 밝아지고 감정조절이 쉬워졌으며, 마음이 편안해지고 자신감이 생기고 인간관계가 좋아지면서 동료들과 함께 행복하게 일하고 있다고 한다. 이러한 긍정적인 변화로 인해서 구글에서는 직원들의 정신적 건강과 함께 회사의 이익도 함께 성장하고 발전된다는 것을 발견하게 되었다. 이렇듯 개인의 내면의 행복을 찾아가는 과정은 직장의 행복으로 이어지고 넓게는 우리 사회의 행복, 세상의 행복으로 연결된다.

행복 찾는 마음 지도, 만다라 명상

명상을 기반으로 한 서구의 심리 프로그램들이 동양으로 역수입되고 있지만 아직도 '명상'이라고 하면 비과학적이거나 신비주의 혹은 종교를 떠올리는 사람들이 있다. 또한 어디론가 떠나서 깊은 산속이나 폭포수 바위 위에 앉아 있는 현실을 등진 도인의 모습을 상상하기도 한다. 그러나 급변하는 현대사회에서 명상은 종교적 수행법이나 초월적인 것이 아니라 과학적이고 매우 실용적인 자기관리법이다. 스트레스를 관리하고 몸과 마음의 건강을 챙기고 자신의 행복을 찾아가는 보다 실용적인 방법으로 인식되어가고 있다.

바쁜 현대인은 딱딱한 바닥에 몇 시간씩 앉아서 명상을 하는 것보다는 짧게는 20~30분 정도 시간을 내어 만다라 명상을 했을 때 내면의 고요함으로 빠르게 집중되며, 보다 명확하게 명상의 긍정적인 효과를 볼 수 있다.

빠르게 변화하는 삶 속에서 심리적 불안을 가진 현대인들에게 명상은 지금 이 순간 내면의 고요를 만나게 한다. 만다라 명상을 통해 시각화된 내면 세상을 어느 정도 거리를 두고 관조하면 비로소 자신의 마음이 객관적으로 명확하게 보인다. 불안한 마음이 보여진다면 그 마음을 알아주고 왜 불안한지 자신을 이해할 수 있다. 그 후에는 앞으로 어떻게 하고 싶은지 길을 찾기 시작하고, 점차 긍정으로 나아가게 된다. 이렇게 내면의 지도를 찾아가다보면 보다 쉽고 빠르게 몸과 마음의 균형과 조화를 이룰 수 있다.

자신과 소통해야 세상과 소통할 수 있다

초연결 세상, 소통이 핵심이다

4차 산업혁명의 시대는 역사상 유례를 찾을 수 없는 커다란 변화를 인류에게 가져올 것이다. 모든 산업기술과 물질문명이 극대화되어 단순노동뿐 아니라 사무직과 관리직 등을 로봇과 인공지능이 담당해 많은 직업들이 사라진다고 한다. 또한 자동화와 무인시스템의 기계 세상에서 현실과 가상의 장벽마저 사라진다고 하니 어리둥절하기도 하고 불안하기도 하다.

앞으로의 세상은 전 세계의 사람들과 기계들이 서로 연결된 초연결의 세상이지만 우리는 메마른 지시어와 전달 언어를 주고받으며 점점 개인화될 수도 있다. 따라서 이러한 초연결의 기계 속에서 우리에게는 인간적이고 따뜻한 공감과 이해가 더더욱 필요할 것이다.

여기 사이보그 기계 엄마가 있다고 하자. 내가 기계 엄마에게 원하는 지시어를 주면 그녀는 내게 필요한 모든 것들을 알아서 척척 해준다. 그러나 나는 왠지 쓸쓸하고 외롭다. 따뜻하고 포근한 인간 엄마의 사랑이 그립기 때문이다. 로봇은 인간의 지능을 대신할 수 있지만 인간의 마음을 대신해서 가슴으로 소통할 수 없기 때문이다.

논리와 이성을 강조하는 지금까지의 시대와 달리 미래에는 머리와 가슴의 통합 능력과 서로 공감하고 소통하는 능력, 창의성과 예술적 감성을 가진 인간들이 주목받을 것이다.

몇 해 전 미국 카네기재단이 성공한 사람들의 비결을 조사한 결과 85%가 자신의 지능이나 전공, 노력보다는 인간관계에서의 원활한 소통이 성공의 원인이었다고 대답했다.

앞으로의 사회는 모든 것이 연결된 초연결의 세상이기에 '소통'이 매우 중요한 가치로 떠오르고 있다. 소통이란 서로 간에 생각과 마음이 잘 흐르고 통하는 것이다. 그러기 위해 자신과의 소통이 먼저 되어야 한다. 내가 어떤 생각을 하고 어떤 마음을 가지고 있는지 자신을 이해하는 것이 모든 소통의 출발이다.

말하지 않으면 아무도 모른다

우리는 자신의 생각과 마음을 어떻게 말해야 하는지 어느 곳에서도 배우지 못했다. 좋은데 좋다고 말해야 할지, 싫은데도 좋다고 말해야 하는지 늘 타인의 눈치를 살펴야 했다. 부모님과 선생님 말씀을 잘 듣는 '착한 아이'라고 칭찬을 받으면서 마음속으로는 하고 싶지 않은 일도 거절하지 못했다. 그래서 말 잘 듣는 모범생이 되었고 어른이 되어서는 남에게 '좋은 사람'이 되기 위해 내 생각과 내 마음을 무시하고 타인에게 인정받기 위해 예스맨이 되었다. 이렇게 부모가 원하는 대로, 또 세상의 기준에 맞추어 살다 보니 결국에는 내가 원하는 것이 무엇인지 정작 알지 못했다. 스스로 자기 자신과 불통이 된 것이다. 이러한 자신과의 불통은 결국 인간관계의 불통으로 이어지게 된다.

내가 말하지 않아도 내가 원하는 것을 상대방이 '알아서' 해주기를 원할 때 관계에서 불행이 시작된다. 내가 나의 생각과 마음을 정확히 이야기하지 않으면 상대는 그것을 알 수가 없다. 막연히 '이심전심'을 이야기하는 것은 관계의 오해와 함께 소통의 단절로 이어질 수 있다. 특히 가까운 가족이나 친구 관계에서 '나 같으면 이렇게 할텐데…', '그냥 알아서 해주었으면…' 하면서 스스로 상처받게 된다.

모두 다 내 마음과 같지 않다. 마음과 생각은 모두 다 다르다. 그런데 상대방이 내 마음과 같기를 바랄 때 전쟁이 시작된다. 이번 생일에 남편에게 빨간 장미꽃 100송이를 받고 싶다면 생일이 오기 전부터 정확하게 이야기해야 한다. 그저 알아서 사오겠거니 하고 말하지 않으면 꽃을 한두 송이 받거나 전혀 다른 선물을 받게 될 것이다. 그리고 두고두고 남편에게 아쉬움과 서운함을 느낄지도 모른다.

자기 소통의 위대한 도구, 만다라 명상

자신의 생각과 마음이 잘 통할 때 소통이 잘된다고 한다. 그런데 지금 내 생각과 마음이 복잡해서 내 마음을 내가 잘 모른다면 상대방에게 내 생각과 마음을 이야기하면서 소통하는 것은 불가능하다. 이렇게 모든 소통은 자기와의 소통에서 시작된다. 내가 지금 어떤 생각을 하고 있으며 어떤 마음인지 스스로 알아차릴 때 상대방과 진정한 소통을 시작할 수 있다.

삶은 관계가 전부이다. 자신과의 관계, 타인과의 관계, 세상과의 관계, 일, 사랑, 건강, 물질 등 모든 것이 관계의 연속이다. 그중 가장 중요한 관계는 자기 자신과의 관계다. 내가 나와 어떻게 관계를 맺고 있는가는 내가 세상과 맺는 모든 관계들의 질을 결정한다. 자신의 감정을 잘 알아주고 스스로 잘 이해하는 사람은 타인의 감정도 존중하면서 행복한 관계를 만들어나갈 수 있다.

만다라의 둥근 원은 자신의 마음 세상을 담아낸 거울이다. 우리는 다양한 컬러와 이미지로 나타난 자신의 마음거울을 바라보면서 자신의 현재 마음 상태를 읽을 수 있다. '아, 내가 지금 혼란 속에 있구나'를 이렇게 시각적으로 인식하고 왜 그러한지 자각하면서 나아갈 수 있다. 만다라 명상은 짧은 시간에 자신과의 소통을 통해 내면의 행복으로 안내하는 위대한 자기 소통의 도구다.

부정적인 감정에서 벗어나라

체로키 부족의 한 늙은 인디언 추장은 어린 손자에게 마음속에서 일어나는 전쟁에 대해 이렇게 말했다.

"얘야, 우리 마음속에는 늘 두 마리의 늑대가 싸우고 있단다. 한 마리는 분노, 질투, 슬픔, 욕심, 이기심, 자만심 같은 녀석이고, 다른 한 마리는 기쁨, 평화, 친절, 인내, 감사, 소망 등을 가진 늑대란다."

그러자 손자는 물었다.

"그러면 어떤 늑대가 이기나요?"

추장은 웃으며 이렇게 대답했다.

"네가 먹이를 주는 늑대가 이긴단다."

어느 쪽에 먹이를 주고 있는가

위의 이야기처럼 내가 어느 쪽에 먹이를 주고 있는가에 따라 우리의 삶은 다르게 펼쳐진다. 내 마음이 분노와 두려움으로 가득 차 있나면 내 삶은 전쟁터가 될 것이다. 반대로 내 마음이 기쁨과 사랑으로 가득 차 있다면 이 삶은 천국이 될 것이다. 마음의 세상이 현실을 반영하기에 내가 정말 행복하게 살기를 원한다면 우리는 긍정적으로 생각하고, 긍정을 말하고, 긍정을 행동하는 연습과 훈련이 필요하다.

나의 아버지는 직업이 경찰관이었는데 항상 자녀들에게 이 세상은 온갖 사건과 사고가 많은 위험한 곳이라고 말씀하셨다. 처음 만난 사람은 절대 믿어서는 안 되고, 언제나 긴장을 놓치지 말아야 한다고 하셨다. 나는 그러한 아버지의 부정성에 크게 저항하면서 청소년기를 보냈는데, 어느 날 아버지와 똑같이 부정성에 집중된 나 자신을 발견하고는 망치로 머리를 한 대 맞은 것처럼 큰 자각이 일어났다. 나는 아버지처럼 살지 않겠다고 하면서 어느새 나도 모르게 무의식적으로 아버지처럼 살고 있었던 것이다.

그날부터 나는 나의 무의식에 저장된 부정적 시스템을 바꾸기 위해 나의 모든 삶에서 긍정을 생각하고 긍정을 말하고 긍정을 행동하는 긍정 맹훈련을 시작했다. 이렇게 우리가 자각하고 의지를 써서 마음을 닦지 않으면 무의식의 부정성이 내 삶에서 자동 시스템으로 고정되어 내 삶에서 나의 발목을 잡게 된다.

긍정을 훈련하라

아이들은 누가 가르쳐주지 않아도 “싫어, 안 돼, 미워”라는 부정적인 말을 스스로 배운다고 한다. 우리가 TV의 잔잔한 드라마보다 싸우고 뒤집는 막장 드라마를 더 잘 기억하는 것처럼, 엔돌핀보다는 아드레날린이 우리의 뇌를 더 강하게 자극한다.

이렇게 인간은 긍정적 정보보다는 부정적 정보에 더 마음이 끌리는데 이러한 현상을 ‘부정성 효과(negativity effect)’라고 한다. 이것은 거친 자연환경에서 원시인들이 살아남기 위해 본능적으로 위험을 감지했던 진화의 산물이다. 그러나 지금은 맹수로부터 공격을 받는 시대가 아닌데도 우리는 부정성에 집중되어 낯선 사람을 처음 만나면 나에게 적인지 아군인지를 살피게 되고 자신도 모르게 상대방의 단점을 먼저 찾게 된다. “저 사람은 인상은 괜찮게 보이는데 성격은 좀 까칠해 보여”, “잠을 잘 잔다고 하는데 그러면 좀 게으르고 나태한 사람이겠네”, “저 여자는 다 이쁜데 코가 좀 낮은 거 같아” 등 습관적으로 장점보다는 단점을 먼저 찾는다. 그리고 이러한 마음의 부정적 패턴은 자기 자신에게도 그대로 적용된다. “나는 수학은 좀 하지만 영어는 진짜 못해”라고 하면서 잘하는 것보다 못하는 것에 집중해 스스로를 비난한다.

우리는 습관적으로 아흔아홉 가지 칭찬보다 단 한 가지 지적만을 더 명확하게 기억한다. 이렇게 끊임없이 자신과 타인의 문제점을 찾는 데 집중되어 있다면 어떠한 삶이 펼쳐질까? 매순간 온갖 부정성을 이야기하면서 나는 행복하게 살고 싶다고 외치고 있지는 않는가?

행복이란 저절로 나에게 오는 것이 아니다. 내가 진정 행복하고 싶다면 무의식의 부정성을 정돈하고 행복을 위한 긍정연습을 훈련해야 한다. 내가 긍정적으로 말하고, 생각하고, 행동하고, 바라볼 때 내 삶이 밝아질 수 있다.

만다라, 내 마음과 만나는 안전한 공간

다양한 감정으로 표현되는 우리의 마음은 변덕쟁이 날씨와 같다. 시시때때로 비가 오고 바람이 불고 햇살이 비추고 눈이 내리는 것이 자연의 현상인 것처럼 내 마음에서 희노애락의 수많은 감정들이 오가는 것이 지극히 자연스러운 현상이다. 화를 참고 슬픔을 외면하면 평생 화 속에서 살게 되고 슬픔 속에서 살게 된다. 어릴 때 한 식구처럼 키우던 강아지가 갑자기 죽었을 때 슬픔을 외면하고 울지 않았던 그는 중년이 되어도 강아지를 볼 때마다 힘들어했다. 흐르지 못하고 고여 있는 물이 썩는 것처럼, 흐르지 못하고 억압된 무의식은 삶에서 계속해서 문제를 일으킨다.

화가 날 때, 우울하고 슬플 때 등 부정적인 감정이 올라올 때는 우선 나의 말과 행동을 멈추고 자신의 중심으로 들어가야 한다. 감정을 참거나 밀어내는 것이 아니라 잠시 멈추고 자신의 감정과 만나야 한다. 이때 만다라는 쉽고 편안하게 자신의 감정을 만나 긍정으로 안내하는 도구가 된다. 내 안의 고요한 중심 자리에서 고유한 수파수를 지닌 색깔과 재료들을 통해 무의식이 정화되고, 의식적인 알아차림을 하다 보면 어느새 감정의 파도 속에서 빠져 나와 고요해진다. 자신의 만다라를 보면서 "아, 지금 내 마음이 이렇게 안절부절하고 불안하구나" 이렇게 불안한 내 마음을 알아주는 것만으로도 편안함을 찾아가게 된다.

나를 이해해주지 않은 남편 때문에 화가 났다고 가정해보자. 가만히 앉아서 호흡하면서 동그라미 안에 화가 난 내 마음의 만다라를 그려보자. '그래, 화가 날 만도 하지. 내 마음을 몰라주는 남편 때문에 정말 화가 나서 죽겠구나.' 강렬한 색채로 거칠고 날카롭게 내 마음이 펼쳐진다. 이제 완성된 만다라를 한 눈에 들어오도록 조금 멀리 놓고 가만히 바라본다. '그래, 내가 이해받고 싶었구나.' 남편에게 이해받지 못한 자신의 마음을 스스로 알아줄 때 눈물이 핑 돌면서 어느새 가슴이 녹아내린다. 남편에게 이해받으려 했던 내 마음을 바라보고 내가 진정 원하는 것은 남편에게 화를 내는 것이 아니라 사랑을 나누는 아름다운 관계라는 것을 알게 된다. 그리고 그것을 위해 내가 어떻게 해야 하는가를 찾게 된다.

내가 나를 둥글게 안아주다

세상에는 많은 명상법들이 있지만 만다라는 자신의 마음을 비추는 거울이 되어 아주 짧은 시간 안에 마음을 객관화해 바라볼 수 있도록 한다. 고요하게 자신의 만다라를 바라보면서 내 마음을 알아차리면 거칠고 날카로운 마음은 어느새 편안해진다. 나는 사람들에게 매일 만다라 안에서 울고 웃으면서 '만다라 일기'를 써보길 권한다. 만다라 일기를 쓰다 보면 한두 달 안에 내 마음이 어떻게 역동적으로 흐르면서 점점 밝게 변화하는지 놀라게 될 것이다. 둥근 원 안에서 부정적 그림자와 긍정의 빛이 서로 대립하고 충돌하고 교차하면서 점차 통일된 하나의 세계로 나아가게 된다.

현실에서 힘겨워하는 현대인들에게는 자신의 마음을 안전하게 직면할 수 있는 마음의 공간이 필요하다. 우리는 자신의 마음과 안전하게 만날 때 나의 아픈 마음이 어디에서 왔는지 자각하면서 부정적 그림자에 가려져 있던 긍정의 빛을 찾을 수 있게 된다. "내가 또 화가 나서 이 모양이구나"라고 내 안의 부정적 마음과 싸우는 것이 아니라 "그래, 내가 화가 많이 났구나. 그런데 그럴 만도 하지"라고 화가 난 내 마음을 내가 알아주고 안아줄 때, 내 마음속 세상에 눈이 녹고 다시 꽃이 피기 시작한다. 내가 진정 원하는 행복을 선택할 수 있는 힘이 생기는 것이다. 이렇게 나의 엉켜 있는 마음들이 하나둘 풀리면 내 인생도 마법처럼 하나둘 풀리기 시작한다.

만다라 여정은 바쁘고 지친 현대인의 마음을 빠른 시간에 부정에서 긍정으로, 그림자에서 빛으로 안내한다. 자신의 내면세계를 탐구하면서 진정 자기다운 모습을 찾아가는 이러한 자기 성찰의 과정은 우리에게 치유를 넘어 의식의 성장과 영적인 성장으로 이끌어주는 위대한 작업이다.

아이들의 자아를 긍정적으로 만드는 비결

잔소리 대신 만다라 명상을 하라

교사로 일하던 시절, 우리 반 아이들끼리 작은 일로 몸싸움이 일어났다. 화가 난 두 아이는 자신의 감정을 스스로 주체할 수 없을 만큼 흥분된 상태였다. 담임 교사였던 나는 동그란 원이 그려진 종이 한 장과 색연필을 말없이 개개인에게 건넸다.

두 아이는 서로 각자 저만치 떨어진 의자에 앉아서 책상에 놓인 동그란 원을 잠시 바라보고는 평소 연습한 대로 두 눈을 감고 숨을 들이마시고 내쉬는 명상을 했다. 격한 감정으로 어깨가 들썩였지만 몇 번의 긴 호흡으로 곧 흥분이 가라앉고 잠잠해졌다. 다시 천천히 눈을 뜨고 손을 움직이자 화가 난 마음이 거칠고 날카로운 색과 선으로 점차 드러났다. 그리고 어느 정도 시간이 흐르자 흥분된 감정은 점차 고요함을 찾아갔다.

어느 정도 감정이 풀리고 손의 움직임이 멈추었다. 만다라가 완성된 후 자신의 만다라를 거리를 두고 바라보면서 오늘의 만다라에 제목을 적고 떠오르는 생각이나 느낌을 글로 적게 했다. 이제 전쟁이 끝났다. 자신의 화를 바라보며 화에서 떨어져 나오게 된다. '내 마음이 지금 저 모양이구나' 하면서 바라보고 내가 왜 저 친구 때문에 화가 났는지 자각하고, 또 그럴 수밖에 없었던 자신을 이해하게 되면 타인에 대해서도 이해가 시작된다. 엉킨 서로의 마음이 풀리고 관계가 다시 시작된다.

이렇게 자신의 감정이 시각화된 만다라를 가지고 대화를 시작하면 서로 어긋났던 마음이 쉽게 풀어지게 된다. 교사로서도 아이들에게 꾸지람과 잔소리가 그리 많이 필요하지 않게 된다. 만다라 명상은 이처럼 아이들에게도 매우 쉽고 안전한 명상이며, 심리적 안정을 가져오고 집중력과 정서지능을 높이는 감정조절 훈련이 될 수 있는 명상법이다.

아이들에게 재미있고 즐거운 놀이명상

나는 교직에 있을 때 수년간 아이들에게 매일 만다라 명상을 지도했다. 아이들은 만다라의 둥근 원 앞에서 쉽게 차분하고 고요해진다. 누구나 둥근 원을 마주하면 고요한 집중과 함께 따뜻하게 보호

받는 느낌, 편안한 느낌을 갖게 된다. 어떤 아이들은 신기하게도 마치 둥근 원이 엄마의 자궁 속 같이 따뜻하고 편안한 느낌이라고도 이야기한다.

주의가 산만하고 충동성을 보이는 주의력결핍 과잉행동장애(ADHD)를 가진 아이나 약물치료로는 회복이 어려운 정신적 장애를 가진 아이들도 만다라 명상을 하는 순간 놀라울 정도로 차분하게 집중하면서 주의력이 매우 높아진다. 이것은 만다라의 둥근 원이 안정적 형태의 온전한 파동을 가졌고 안전하게 보호하는 에너지를 가지고 있기 때문이다. 또 둥근 원은 보는 사람으로 하여금 한 번에 쑥 빨려 들어가게 만드는 강한 집중력이 있다.

아이들에게 눈을 감고 앉아서 자신의 호흡에 집중하는 좌선 명상은 지루하고 재미없으며 벌을 받는 기분도 들어 명상에 대한 거부감을 줄 수도 있다. 아이들에게 명상은 놀이처럼 재미있어야 한다. 아이들과 함께하는 만다라 명상이 미술 시간인지 또는 놀이 시간인지 구분할 수 없을 정도로 말이다.

다양한 색채와 아름다운 재료들을 사용하는 만다라 명상은 잠시도 가만히 있지 못하는 역동적인 우리 아이들에게 창의적인 놀이처럼 재미있고 즐겁게 할 수 있는 놀이 명상이다. 아이들은 만다라 안에서 그림을 그리거나 작품을 만들면서 자신의 몸의 움직임 하나하나를 알아차리고, 마음에서 올라오는 여러 감정을 알아차리는 자각 훈련을 하게 된다.

이렇게 만다라 명상은 움직임이 있는 행동 명상이고, 언어로 표현하기 어려웠던 억압된 자신의 감정들을 다양한 색과 이미지로 해소하는 창조적이고 즐거운 예술 명상이며, 사랑과 행복을 내 안에서 찾아가게 되는 방법이다.

행복한 아이를 만드는 만다라 일기와 감사 만다라

예전 교직에 있을 때 인성 교육과 창의 교육, 그리고 예술 교육에 대한 대안으로 만다라를 사용했다. 그리고 미술 교사로서 다양한 심리적 주제를 가지고 다양한 교육을 시도하면서 아이들이 마음의 평화를 찾게 하는 방법으로 만다라 명상이 큰 효과가 있음을 확인했다.

담임을 맡았을 때는 아침 조회시간에 만다라 명상으로 하루를 시작했다. 학교에서 문제를 일으키는 아이들은 반성문을 쓰거나 상담실로 보내는 대신 만다라 명상을 하게 했다. 순수한 아이들은 만다라 명상의 '자기관찰 - 자기이해 - 자기통찰'의 과정을 통해 마음의 치유를 넘어 영적인 성장과 함께 스스로 내면의 평화를 찾아 나아갔다. 나는 그 당시 내면의 순수함을 그대로 지닌 아이들과 함께 매일매일 정말 놀라운 기적과 같은 경험을 했다. 만다라 명상은 소우주인 인간이 전체 우주와 연결된 확장의 에너지를 가진 매우 영적이고 특별한 명상이다. 아이들은 자신이 처음 존재했던 태초의 공간에 대한 기억, 둥글고 따뜻한 엄마의 자궁에서 느꼈던 그 안정되고 편안한 순간을 그대로 기억하고 있었다.

아이들은 매일 만다라 일기를 쓰면서 명상과 그림, 글쓰기를 함께 훈련했다. 그리고 감사 만다라를 하면서 긍정적 자아개념을 만들어 갔다. 아이들은 스스로 마음의 중심을 세우고 고요한 내면의 힘으로 세상을 바라보는 주인공으로 우뚝 서게 되었다. 심리적 안정감을 얻고 내적 균형을 통해 자존감이 향상되고, 집중력과 창의성, 미적 감수성까지 높아졌다.

그 당시는 아직 명상이 대중화되기 전이라 만다라와 명상에 대한 이해가 부족했지만 점차 명상의 효과가 과학적으로 증명되면서, 나는 평범한 교사에서 마음을 치유하고 마음의 행복을 안내하는 특별한 교사가 되었다. 그 이후 서울시 교육연수원 우수강사로서 수많은 교사들과 학부모를 만나 내면의 행복을 찾아가는 만다라 명상을 안내했다.

로봇이 가르칠 수 없는 인성 교육

4차 산업혁명의 시대에 학교에서의 지식과목은 인공지능이 대신할 것이다. 그 대신 교사는 로봇이 할 수 없는 창의적 활동과 예술, 그룹과 함께하는 소통, 인성과 관련된 교육을 담당할 것이다. 얼마 전 한국과학기술원(KAIST)에 명상과학연구소가 설립되었다. 초·중·고등학교에서 인성 교육의 대안으로 명상을 선택하는 학교들이 점차 늘어나고 있다.

인성(人性)이란 본래 '순수한 인간의 마음'이기에 우리는 교과서의 지식과 정보만으로 인성을 가르칠 수 없다. 인성 교육은 학생들 개개인의 긍정적 잠재력을 일깨우고 내면의 힘을 키워주는 마음교육이다. 교과목의 지식 학습도 중요하지만 아이들 스스로 내면의 평화로운 세상과 만나 스스로 행복해지는 방법을 찾는 것은 그 무엇보다 중요하다. 만다라 명상은 우리 아이들이 즐겁고 재미있게 자신의 밝은 마음을 찾아 행복으로 나아가는 아름다운 예술 놀이 명상이다.

길을 잃은 현대인의 마음 지도, 만다라

마음의 시간이 필요한 시대

물질문명이 극에 달하는 이 시대에 자본주의는 대량생산에 의한 물질적 여유와 자유로운 삶과 행복을 우리에게 약속했다. 사람들은 교회 첨탑에서 종을 끌어내리고 그 자리에 시계를 달았고, 금쪽 같은 시간을 아껴 밤낮으로 일하는 시간의 노예가 되었다. 그 결과 물질적으로는 넉넉해졌지만 더 이상 자유롭거나 행복하지 않았다. 그래서 우리가 알게 된 것은 물질적 풍요도 중요하지만 자유로움과 행복을 느끼는 자신만의 시간이 필요하다는 것이다.

소설 《모모》는 시간의 노예가 된 현대인의 삶을 이야기하면서 마음의 시간을 이야기한다. 이 시간은 행복을 찾는 자신만의 심리적 시간이다. 행복은 마음에서 시작되고 사람들에게는 각자 자신의 행복이 따로 있다. 조용한 산골의 삶을 행복하게 느끼는 사람이 있는가 하면 생동감 있는 도시에서 행복을 느끼는 사람이 있다. 이제 부와 성공이라는 행복의 고지를 향해 모두가 전진하는 시대가 아니라 마음의 시간 속에서 자신만의 행복을 찾는 시대가 왔다.

무의식이란 단순한 과거의 창고에 불과한 것이 아니라 미래에 일어날 수 있는 심적 상황이나 앞으로 떠올리게 될 생각들의 씨앗을 품고 있다.

— 카를 융

우리 삶의 핵심 키, 무의식

오늘부터 기필코 다이어트를 하겠다고 결심했는데 어느새 나는 치킨을 먹고 있다. 내 몸과 내 생각, 내 마음인데 이렇게 스스로 통제가 불가능한 것은 내 의지가 약해서가 아니라 무의식의 힘이 그만큼 세기 때문이다.

사람들은 자신이 원하는 더 나은 삶을 위해 여러 가지 시도를 하지만 성공하기 어려운 이유는 자신의 의식을 바꾸는 데 집중되어 있기 때문이다. 우리의 삶은 90% 이상이 무의식(unconscious)에 의해 만들어진다. 무의식이란 내가 인식하지 못하는, 내 마음대로 안 되는 마음이다. 내 의지와 무관하게 작용하는 생각이나 감정이며, 아닌 걸 알면서도 또 안 되는 줄 알면서 나도 모르게 끌려가는 프로그램된 마음이다. 이것은 우리 인생의 모든 행동들을 컨트롤한다.

우리의 마음은 다양한 감정들을 통해 표현되는데 불안, 두려움, 분노 등은 무의식적으로 작동하는 부정적 프로그램이다. 우리는 지금껏 자신의 감정을 잘 컨트롤하도록 교육받아왔기에 '툭' 올라오는 내 감정들을 '꾹' 누르면서 자신을 통제하고 무의식을 억압한다. 어릴 때 부모에게 한 대 맞은 기억이 있다면 그 당시의 분노와 두려움이 시공간을 초월해 무의식에 저장되어 폭력적인 장면만 보면 몸이 떨리고 두려워진다.

이렇게 우리 삶에서 해결되지 않은 크고 작은 마음의 상처가 트라우마(trauma)이다. 그것이 우리의 무의식에 저장되어 '마음의 시스템'을 만들고 행복으로 나아가는 것을 방해한다. 우리가 겪는 삶의 고통이 우리의 환경 때문인 것 같지만 사실은 많은 부분이 이러한 무의식의 부정적 프로그램에 있다.

따라서 우리는 먼저 무의식과 만나야 한다. 무의식은 자신의 삶에 대한 핵심 키라고 할 수 있지만 자신의 깊은 상처와 고통을 마주하는 것은 그리 쉬운 일이 아니다. 융은 현대인의 문제는 이러한 자신의 무의식 세계와의 단절이라고 했다. 행복한 삶을 위해서는 용기를 내어 자신의 내면과 만나야 한다.

인격 발달의 마지막 단계는 의식과 무의식의 완전한 통합이다.

— 카를 융

무의식을 안전하게 초대하는 만다라

평생 인간의 깊은 무의식 세계를 탐구했던 융은 자신의 인생을 '무의식의 자기실현에 대한 이야기'라고 했다. 그는 젊은 날 심리적 은둔 시절 둥근 만다라 안에서 울고 웃으면서 스스로 무의식을 치유하고 내적 통합을 이루었고, 이후 만다라를 연구하면서 자신의 환자들에게도 매일 만다라를 그리게 하였다. 무의식의 부정적 감정들이 치유될 때 삶은 자신이 원하는 방향으로 나아갈 수 있기 때문이다.

둥근 원에서 시작되는 만다라 명상은 안전하고 따뜻한 공간을 만들어 우리의 무의식을 안전하게 초대한다. 둥근 원은 바깥세상과 분리된 안전지대가 되고 우리를 힘들고 아프게 했던 외부의 스트레스 세상으로부터 자신을 보호하는 고요한 공간이 된다. 이렇게 만다라는 마음의 안전지대가 되어 다양한 컬러와 재료들로 무의식을 초대하여 그다지 아프지 않게, 때로는 즐겁고 재미있는 놀이처럼 마음의 상처와 아픔을 치유하게 된다.

무의식은 몸과 마음에 저장된 에너지이다. 만다라 명상에서는 그동안 억눌렸던 자신의 감정을 느끼면서 몸을 움직이면서 이미지를 만들어간다. 내 안에 억눌렸던 무의식이 시각적 예술 언어로 표현되면서 엉켜 있고 막혀 있는 에너지가 저절로 흐르는 것이다. 컬러와 형태의 상징을 통해서 마치 자신이 마음의 탐험가가 된 것처럼 내 마음이 어떤 상태이며 왜 그러한지, 또 그것은 어디에서 왔는지 자신의 내면을 탐색한다.

이러한 과정에서 스스로 치유되고 내면의 힘을 회복하여 원하는 방향으로 나아가게 된다. 만다라는 내면의 어두운 그림자에서 빛으로 나아가는 내면의 지도가 된다.

길을 잃은 현대인의 마음 지도, 만다라

내가 진행하는 만다라 명상 수업에 가끔 수녀님들이 오시는데 그분들이 그리신 만다라는 대부분 중세 성당의 스테인드글라스와 많이 닮았다. 중세 성당의 바닥에는 나선형으로 회전하면서 중심에 있는 신과 만나는 길인 미로(迷路, Labyrinth)가 있다. 중세 사람들은 예루살렘 성지에 직접 가지 못하기에 무릎을 꿇고 두 손을 모으고 성당 바닥에 그려진 미로를 따라 신에게 향하는 순례의 길을 걸었다.

이렇게 서양의 미로가 원의 둘레에서 시작해 중심에서 신을 만나는 순례의 여정이라면, 만다라는 원의 중심에서 시작하여 점차 확장되면서 우주와 하나 되는 깨달음의 안내 지도다. 순례자들이 미로를 따라 걸으면서 신에게 자신을 온전히 내맡기고 신과 하나가 되는 것처럼, 만다라는 고요한 중심에서 시작해 점차 바깥으로 향하면서 우주와 하나가 되는 영적인 길을 안내한다. 둘 다 모두 자신을 치유하고 빛으로 나아가는 아름다운 여정이다.

만다라는 길을 잃고 혼란에 빠진 현대인들에게 자신의 길을 안내하는 내면의 지도다. 만다라의 안전한 보호막 안에서 우리의 감정들은 수많은 색깔과 형태들로 펼쳐진다. 서로 만나고 어긋나고 연결되는 다양한 이미지를 통해서 내가 인식하지 못했던 깊은 무의식이 떠오르는 것만으로도 치유가 시작된다. 먼저 내 안의 분노와 불안, 사랑받지 못한 슬픔, 두려운 감정의 그림자들이 시각화된다. 그것을 자신과 분리해 객관적으로 바라보면서 점차 그림자에 가려져 보이지 않았던 기쁨, 사랑의 긍정적 빛이 드러나기 시작한다.

성당의 미로가 신을 만나는 길을 안내하는 지도가 되는 것처럼 만다라는 내면의 자신과 만나 진정한 행복으로 나아가는 마음의 지도가 된다. 우리는 이를 통해서 자신을 치유하고 정화하면서 자신이 얼마나 위대한 존재인지 스스로 알게 된다. 그리고 내면의 빛과 사랑을 꺼내어 자신이 원하는 행복으로 나아갈 수 있게 된다.

2장

만다라는
무엇인가?

치유의 원,
마법의 원

둥근 치유가 필요한 시대

심리적 위기를 겪고 있는 현대인들이 마음의 행복을 찾기 위한 방법으로 명상이 떠오르면서, 인류의 오래된 지혜인 만다라에 대한 관심도 점점 높아지고 있다. 만다라는 둥근 원에 다양한 색과 도형으로 그려진 마음 그림이다. 자신의 마음을 눈으로 바라보고 이해하면서 내면의 긍정성을 찾아갈 수 있는 마음의 지도다.

만다라는 산스크리트어로 중심과 본질을 얻는다는 뜻이다. 만다라는 우주의 본질을 시각적으로 표현한 그림으로, 예로부터 복을 가져오는 행운의 그림, 비밀그림으로 여겨져왔다. 또한 둥글고 완전한 세계, 치유의 원이라고 불리면서 전통적으로 깨달음을 안내하는 명상의 도구로 사용되어왔다. 몸과 마음이 지친 현대인에게 만다라는 안전한 심리적 공간이 된다. 현재 만다라는 스트레스를 해소하고 심리적 안정과 내면의 균형을 찾는 자기성찰과 심리치료 도구로 다양한 분야에서 활용되고 있다. 또한 우주의 중심인 내가 내면의 길찾기를 통해 우주와 하나가 되는 영성 예술이기도 하다.

만다라의 둥근 원은 온전한 파동이다

시작도 끝도 없이 원만한 원은 보는 사람에게 편안함을 가져다준다. 불안하고 혼란스러운 마음도 일단 만다라의 둥근 원과 마주하게 되면 어느새 집중되고 고요해진다. 내 마음의 불균형한 마이너스 파동이 둥근 원의 완전한 파동 안에서 힘을 잃는 것이다.

인류는 동그라미를 보면서 신비로움을 느꼈다. 고대 인류는 태양을 동그라미로 인식했고 둥근 태양을 숭배한 인디언들은 바닥에 큰 원을 그리고 앉아 서로 대화를 나누며 그 원 속에서 자기 자신과 함께 있는 법을 배웠다. 모든 만다라는 하나의 둥근 원에서 시작한다. 만다라의 기본 형태인 원은 지구와 행성, 꽃의 패턴, 숫자 0, 바퀴 등 우리 주변에서 흔히 볼 수 있다.

자신을 총체적으로 나타내는 심리적 표현이다

카를 융은 심리적 위기에 매일 반복적으로 동그라미를 그리면서 분열된 마음을 스스로 치유했다. 만다라를 그리면서 내면 깊은 곳에서 긍정의 에너지가 솟아나고 예술적 활동의 자유로운 상상을 통해 몸과 마음이 치유되었다. 이렇게 무의식과 의식이 서로 통합해가는 개성화 과정을 겪으며 온전한 자기 자신과 만나게 된 것이다. 융은 이러한 만다라의 치유의 원을 인디언들의 표현을 빌려 '마법의 원'이라고 했다.

융은 자신의 환자들에게도 매일 만다라를 그리도록 적극적으로 권장했고, 그들의 만다라를 통해 내면의 무의식 세계를 이해하려고 했다. 그리고 만다라가 인간의 근원적인 세계를 열어준다는 연구를 남기면서 만다라의 치유 효과를 최초로 심리치료에 도입했다. 이후 만다라는 현대 심리치료방식으로 다양한 분야에 활용되고 있으며 서구에서는 만다라에 대한 관심이 증가하면서 심리치료뿐 아니라 창조적인 예술과 명상, 영성 예술 등에서 활용되고 있다.

만다라는 보이는 마음 그림, 파동 그림이다

현대과학은 보이지 않는 치유의 원리들을 설명하면서 눈에 보이든 보이지 않든 모든 물질은 파동의 형태이며 진동하는 에너지라고 설명하고 있다. 만다라는 고유한 주파수를 가진 색채와 도형을 통해서 보이지 않는 우리 마음의 파동을 시각적으로 볼 수 있도록 한다.

마음을 시각적 이미지로 확인할 수 있다는 것은 매우 중요한 핵심이다. 많은 사람들이 마음의 문제를 해결하기 위해 보이지 않는 마음을 찾아서 수많은 길을 헤매고 다녔다. 자신의 마음을 바라보는 것이 명상이라면, 보이지 않는 마음을 어떻게 볼 수 있을까. 내 마음을 보기 위해 두 다리를 접고 가만히 눈을 감고 앉아보지만 마음은 여전히 혼란스럽고, 수많은 생각들이 꼬리에 꼬리를 물고 이어진다.

우리의 모든 정보 중 시각적 정보가 83퍼센트를 차지한다고 한다. 특히 현대인들은 보는 것을 신뢰한다. 시각적 정보가 우리 뇌에 강한 영향을 주듯이 자신의 마음의 파동이 시각화된 만다라를 보면 우리 뇌의 인식이 바뀌고 생각이 바뀌고 결국 삶이 바뀌게 된다.

만다라 명상을 시작하면 처음에는 분열되고 복잡하던 마음의 이미지들이 점차 시간이 갈수록 조화와 균형을 찾아간다. 만다라를 통해 내 마음을 관찰하고 자각하고 통찰하는 과정을 통해 점차 마음의 길을 찾아서 나아갈 수 있다. 이렇듯 만다라는 짧은 시간에 내면의 불균형의 파동과 에너지를 정렬할 수 있게 해주는 바쁜 현대인들에게 잘 맞는 명상이다.

만다라, 우주의 중심에 고요한 내가 있다

만다라의 중심을 산스크리트어로 '빈두(bindu)'라고 한다. 빈두는 중심, 근원의 자리이자 모든 것이 시작되는 창조의 시작점이라고 할 수 있다. 만다라의 빈두는 자신의 세상의 중심을 말한다. 이 중심은 우주의 중심과 연결되어 있다. 그 고요한 중심 자리에 나 자신을 세워놓고 색채와 도형으로 자신의 세상을 펼친다. 둥근 원의 중심에서

부터 세상이 펼쳐지고 명상의 마지막 의식은 원의 둘레인 원주에서 부터 중심을 향해서 만다라를 해체하는 것이다.

모든 것이 소멸된 텅 빈 자리는 공의 자리, 근원의 자리이자 다시 새로운 창조의 시작점이 된다. 무언가를 새롭게 창조하려면 기존에 꽉 차 있는 것을 비워야만 한다. 내 것이라고 잡고 있는 것들을 모두 아낌 없이 내려놓아야 빈 공간이 생기고, 거기에서부터 다시 무언가를 다시 시작할 수 있다. 만다라가 창조되고 소멸되고 다시 새로운 만다라가 창조되는 이러한 과정은 수많은 나의 세상이 만들어지고 해체되는 과정이다. 이를 통해 막혀 있고 엉켜 있는 오래된 마이너스 에너지들이 점점 풀리고 흐르면서 나의 마음 세상이 점점 밝아지게 되고 내 삶의 문제들도 하나둘 풀리게 된다. 이것은 우주의 순환과 진화의 과정을 시각적 이미지로 보여주는 것이다. 수천 년 전 티베트의 승려들은 이러한 만다라를 통해 궁극의 깨달음을 찾아갔다.

세상의 치유는 개인의 치유에서 시작된다

불안과 대립으로 혼란스러운 지금의 세상은 우리의 내면의 혼란을 그대로 반영하고 있다. 지금 이 시대는 인류의 오래된 미래, 위대한 지혜의 도구인 만다라의 치유의 힘, 통합의 힘이 어느 때보다 필요하다.

우리의 조상들은 마음을 닦는 수행을 하기 위해 종교에 귀의하거나 현실을 등지고 산속으로 들어갔다. 또 위대한 스승의 가르침을 얻기 위해 목숨을 걸고 긴 여행을 하기도 했다. 히말라야의 티베트 승려들은 수개월 동안 하나의 모래 만다라를 만드는 행위를 통해 우주와 하나가 되는 깨달음을 얻는다.

현대사회는 물질문명뿐 아니라 인류의 의식 수준 또한 빛의 속도로 빠르게 진화해가는 시대이다. 이제 우리는 더 이상 마음을 닦기 위해 현실을 등지고 어디론가 떠날 필요가 없다. 하루 시간의 짧은 시간 내에 만다라 명상을 통해 자신의 내면의 균형을 회복할 수 있는 진화된 시대에 우리가 살고 있다.

만다라는
컬러 테라피다

색채는 마음의 에너지다

색채는 심리상태와 감정과 밀접한 관련이 있다. 그 자체가 에너지이기에 심리적 우울감에 빠져 있는 사람은 색채의 힘을 제대로 사용할 수 없다. 10년 전 나는 만다라를 만나면서 무채색의 그림자를 벗고 밝은 빛의 세상으로 나오기 시작했다. 만다라의 힘이란 내면의 다양한 빛을 찾는 여정이라는 것을 내 삶에서 체험했다.

우리는 바쁜 일상에서 휴식이 필요하면 치유의 색채인 초록의 숲을 찾아간다. 직관의 색인 남색의 밤하늘을 올려다보면서 고요한 신비로움을 느낀다. 또 가슴이 답답할 때는 파란 하늘을 보면서 평화를 되찾는다. 우리가 사는 이 세상은 수많은 색깔로 이루어져 있고,

이것은 우리 눈을 통해서 대뇌에 전달되어 우리의 감정과 몸에 작용한다.

이를 활용한 컬러 테라피(color therapy)는 각기 고유한 파동을 지닌 컬러 에너지를 심리치료와 의학에 활용해 스트레스를 완화하고 정서적 안정감을 높이는 정신요법이다. 최근 색채는 인간의 성격과 심리를 이해하는 도구로 다양하게 사용되고 있다. 또 서구에서는 이미 효과가 입증되어온 대체 의학의 한 분야다.

컬러, 치유와 명상에 활용되다

고대의 지혜로 전해오는 전통적 치유기법들은 대부분 색채를 활용하고 있다. 고대 이집트에는 색채와 빛으로 만들어진 치유의 사원이 있었다고 한다. 아메리카 원주민 나바호족은 아픈 사람의 몸 위에 색 모래를 올려놓고 치료를 했다. 또 중세 유럽 교회의 색 유리창, 스테인드글라스는 태양빛을 통과시켜 내부 공간을 아름다운 빛이 쏟아지는 천상의 세계로 만들어준다. 내가 오래전에 살았던 남인도의 명상 공동체 오로빌에도 다양한 색의 빛이 쏟아지는 명상 방들이 있었다. 인도에서는 우리 몸의 에너지 센터로 불리는 차크라(chakra)는 색과 도형을 사용해 육체와 정신, 영적 수련에 활용했다.

색채에 관한 경험적인 지식은 고대 이래로 인류의 유전자 속에 저장되어온 원형이기에 우리가 인지하기 시작하면 깨어나기 시작한다. 또한 언어와 설명의 차원을 넘어선 에너지이기에 삶 속에서 하늘과 바다, 숲, 도시의 삶에서도 마음을 열고 경험할 때 내면이 깨어나기 시작한다.

전통적인 만다라에 사용되는 색채들도 각기 고유한 지혜와 에너지를 가진다. 수천 년 전부터 티베트의 승려들이 형형색색의 모래로 만다라를 만드는 것은 그 자체로 컬러테라피의 과정이다. 수행승들은 고유한 진동수를 가진 색채의 완벽한 질서와 조화를 만들어가면서 고도의 집중 상태인 삼매에 들었고, 우주와 하나가 되는 깨달음의 궁극에 이르렀다. 색의 조화는 우주의 조화기도 하다. 색채와 기하도형의 완전한 조화를 이룬 만다라는 이것을 보는 사람에게도 내면의 치유가 일어나게 된다. 그래서 예로부터 만다라는 영혼의 그림, 마법의 그림, 행운의 그림이라고 불려왔다.

만다라의 색채는 무의식의 메시지

우리는 다양한 색의 언어를 통해 지금 자신의 마음을 읽을 수 있다. 만다라는 무의식을 의식화하는 거울이기에 만다라에 사용된 색깔은 무의식의 메시지를 담고 있다. 만다라를 하다 보면 "나는 이 색을 전혀 좋아하지 않는데, 오늘 이상하게 처음 써봤네"라고 말하는 경우가 있다. 만다라의 색채가 자신의 깊은 무의식을 이야기하는 것임을 보여준다.

만다라를 시작하면서 고요한 명상상태에서 첫 번째 떠오르는 색이 중요한데, 이는 자신의 현재 심리적 이슈와 관련이 있는 암호와

도 같다. 또 만다라에서 가장 많이 사용한 색은 무의식의 심리적인 주제를 해석하는 데 중요한 상징이 된다. 또 만다라의 중심에 어떤 색을 사용했는지는 매우 중요하다. 그리고 만다라를 창조하는 그 순간에 따라서 같은 색이라 할지라도 서로 다른 에너지로 표현되기도 한다. 예를 들어 똑같은 붉은색을 사용했다고 해도 어떤 만다라에서는 열정이 느껴지고, 또 다른 만다라에서는 분노가 느껴질 수 있다.

만다라의 컬러 상징

우리 안에 빛과 그림자가 함께 있듯이 모든 색에는 긍정적인 측면과 부정적인 측면이 있다. 어둠이 있기에 우리가 빛을 인식할 수 있는 것처럼 우리 안의 내면의 그림자는 밝은 빛을 일깨우는 역할을 한다. 다음은 빨주노초파남보의 일곱 가지 기본 색의 상징을 정리한 내용이다.

우리 몸에는 생명 에너지, 붉은 피가 흐르고 있다

열정과 에너지가 넘치고 활기찬 사람들은 레드 에너지가 많은 사람이다. 특히 대담하고 행동력 있게 일처리를 잘하지만 성격이 급해서 실수도 잘한다. 그리고 자신이 열정을 쏟은 일들이 뜻대로 안 될 때 순간적으로 화를 내거나 고집을 부리기도 한다.

• 빛의 측면(+): 정열적, 활동적, 화끈함, 적극적, 동적, 단호함, 번

성, 원기 왕성, 리더십, 현실적, 성공과 물질 에너지
- 그림자의 측면(-): 분노, 화, 시끄러움, 욕망, 공격성, 성급함, 과거 지향, 분리감, 무기력, 원기 부족, 생존 불안, 억울함, 힘에 대한 저항과 두려움

사교적이고 매력적인 오렌지색

우리는 살면서 여러 관계들을 통해서 다양한 감정들을 경험하면서 삶에 대한 깨달음을 얻게 된다. 호기심 어린 눈으로 세상을 탐험하면서 기쁨과 환희를 느끼기도 하고 때로는 상처와 쇼크를 겪기도 한다.

- 빛의 측면(+): 본능 욕구, 사교적이고 호기심이 많음, 기쁨과 환희, 예민한 감수성, 생기발랄, 매력적(성적 매력), 인기가 많음
- 그림자의 측면(-): 충동적, 트라우마, 관계에 대한 상처, 자신감 없음, 무기력, 중독 성향

이 세상의 주인공, 태양처럼 빛나는 옐로

노랑이 상징하는 것은 해바라기처럼 밝고 순수한 사람들이다. 자의식이 강하고 이 세상에서 무언가를 성취하면서 결과물을 만들어 간다. 논리적이고 명석한 두뇌를 가졌고 성취욕이 강하기 때문에 무언가 이루고 해내는 성향이다. 따라서 긴장감이 많고 불안하며 많은 생각 속에 빠지기도 쉽다.

- 빛의 측면(+): 밝고 순수, 재미와 즐거움, 유머감각, 자신감과 당당함, 지적이고 명석한 두뇌, 성취 지향, 논리 분석, 자존감, 신 뢰
- 그림자의 측면(-): 걱정과 불안 초초, 긴장과 날카로움, 판단과 분별, 비교하는 습관, 생각이 많음, 의심, 두려움, 자기중심적, 열등감, 자신감 없음, 소화 장애

그린은 내 가슴 속 사랑의 공간이다

초록색은 따뜻하고 열린 가슴으로 타인과 조화와 균형을 찾아가지만 때로는 방향성을 잃고 길을 헤매기도 하는 사람들의 성향을 보여준다. 우리 가슴 안의 수많은 이야기가 담겨 있는 색이다.

- 빛의 측면(+): 여유로움과 편안함, 조화와 균형, 방향성, 성장과 나아감, 가슴의 공간, 중용, 배려, 휴식, 재생
- 그림자의 측면(-): 방향성 상실, 우유부단, 시기와 질투, 집착, 걱정이 많음, 공간 침해, 외로움과 단절, 가슴이 답답함

블루의 하늘과 바다, 평화를 꿈꾸다

마음이 복잡할 때 파란 하늘을 한번 올려다보면서 숨을 크게 들이마신다. 이렇게 하늘을 들이마시고 내쉬면서 평화의 호흡을 하는 것이다. 블루는 조용한 성향으로, 든든한 아버지의 모습이다. 그러나 아버지의 뒷모습은 외롭고 고독하게 보이기도 한다.

- 빛의 측면(+): 신뢰와 정직, 책임감, 신성의 보호와 평화, 소통, 권위, 창조, 안정, 질서, 공정하고 합리적
- 그림자의 측면(-): 고독과 외로움, 고립, 우울감, 슬픔, 불통, 침묵과 단절, 내성적, 자기표현이 부족, 슬픔, 갈등, 불신

신비로운 딥블루, 밤하늘에는 빛나는 별들이 있다

깊은 밤하늘은 신비로움이 느껴지고 낮에 보이지 않았던 빛나는 별들이 보인다. 남색은 우리의 인식 너머 보다 깊은 곳까지 볼 수 있는 직관을 깨운다. '역사는 밤에 이루어진다'는 말처럼 깊은 밤에는 감각 기관이 예민해지고 직관이 깨어나 예술과 과학의 창조적 활동에 도움을 주기도 한다. 딥블루는 로열 블루(royal blue)로도 불리는데, 왕의 높은 이상을 가지고 있지만 현실과 거리가 멀기에 자기만의 세계에 빠지기도 한다.

- 빛의 측면(+): 직관, 통찰, 영감, 제3의 눈, 깊은 생각, 예민함, 집중과 몰입, 깊은 평화, 감수성이 풍부, 이상주의, 신비, 초감각
- 그림자의 측면(-): 현실감 없음, 망상, 고립감과 우울, 무기력, 권위에 저항, 강박증, 깊은 두려움, 중독

예술적인 컬러, 바이올렛

보라색의 보색은 노란색이다. 에고를 상징하는 노랑을 넘어서면 자신의 본성을 깨닫고 존재의 목적을 찾는 보라의 삶을 살 수 있다.

빛의 스펙트럼에서 무지개의 가시광선 끝에 있는 보라색은 또 다른 빛의 세계로 연결한다. 끝, 마지막, 죽음 그리고 새로운 존재의 시작이다. 보라색은 땅을 상징하는 빨강, 밤과 하늘을 상징하는 파랑이 정확히 반반 섞여 만들어진 균형의 색이다.

- 빛의 측면(+): 음양의 조화, 하늘과 땅의 조화, 현실과 이상의 조화, 변형, 치유, 재탄생, 영성, 신비로움, 봉사와 희생, 세련되고 예술적
- 그림자의 측면(-): 현실에 대한 저항과 불균형, 피해 의식, 극단적 우울, 현실 도피, 외로움, 깊은 슬픔, 공허감, 회피, 무가치함

나는 어릴 때 달걀을 먹을 때마다 꼭 노란색의 노른자를 빼고 먹었던 기억이 있다. 그리고 노란색 개나리꽃, 바나나 등 유난히 노란색을 좋아하지 않았는데, 이는 자신의 존재감에 대한 이슈가 있었고 긴장과 불안감이 컸기 때문이라는 것을 나중에 알게 되었다.

이처럼 컬러는 자신의 심리 상태와 감정과 밀접한 관련이 있다. 내가 현재 다양한 색깔들을 별다른 불편한 마음 없이 마음껏 쓸 수 있는 것은 그동안 무의식의 그림자나 부정성이 많이 사라졌기 때문이다.

어떤 특정한 색이 자꾸 신경 쓰이고 불편하게 느껴진다면 그것은 색채를 통해서 드러나는 심리적 메시지가 된다. 또 어떤 색이 자꾸 좋아 보인다면 그 에너지가 자신에게 필요하다는 메시지다. 그러나

좋은 컬러와 나쁜 컬러는 따로 없다. 단지 색채는 지금 현재의 내 마음을 반영하는 거울이라는 점을 알아야 한다. 우리는 만다라 공간에서 다양한 색채를 도구삼아 자신의 깊은 무의식의 세계를 만나게 된다. 처음에는 섞이고 엉켜 있는 여러 색채들이 점차 우주적 조화를 찾아가면서, 우리의 내면세계도 중심을 찾아가고 온전한 조화와 균형을 이룰 수 있게 된다.

만다라의 도형은 에너지를 나타낸다

기하도형은 우주 에너지다

고대 인류는 별빛이 흐르는 밤하늘을 바라보거나 끊임없이 변화하는 자연 현상을 바라보면서 규칙적인 질서를 찾으려고 했다. 그리고 이를 간결한 형태로 만들면서 기하학이 탄생했다. 이집트의 피라미드, 그리스의 건축물, 영국의 스톤 헨지 등 고대의 건축물과 예술 작품의 기본적 구조는 원, 삼각형, 사각형 등 간결한 도형들이다. 이는 각기 고유한 파동을 가지고 있는 핵심 에너지이다. 단군신화에 나오는 환웅이 하늘에서 가져온 천부삼인(天符三印)은 하늘을 상징하는 원(○)과 땅을 상징하는 사각형(□), 사람을 포함한 생명체를 상징하는 삼각형(△), 즉 원방각(圓方角)으로 이루어져 있다. 인류는 문자가 생기기 전 우주에 존재하는 모든 것을 이렇게 간결한 도형으로 나타냈다.

오래전 입체 삼각형 구조의 피라미드가 강력한 에너지를 가지고 있다고 해서 많은 사람들이 집집마다 피라미드 구조물을 설치하는 것이 유행한 적이 있다. 당시 피라미드 안에서 무뎌진 면도날이 재생되고 음식을 넣으면 상하지 않는다는 등 신기한 여러 가지 실험들이 한동안 유행했었다. 바닥에서 1/3 높이의 지점이 강력한 에너지 파워를 지닌 '왕의 방'이라고 해서 그 지점에서 명상을 하기도 했다.

우리 눈에 보이지 않는 파동과 에너지의 형상들이 물질 세상에서는 그와 닮은꼴의 형태를 만들어낸다. 따라서 각각의 색깔이 고유한 주파수와 에너지를 가지고 있듯, 특정한 도형도 각기 고유한 파동과 에너지를 가지고 있다.

다차원 우주를 설계한다

전통적으로 티베트 수행승들은 만다라를 제작할 때 여러 가지 제도용품을 가지고 먼저 커다란 둥근 원을 그린다. 그리고 그 안을 시끄러운 외부세상으로부터 보호받는 신성한 공간으로 만든다. 이후 기본적인 도형들로 우주를 설계하듯이 밑그림을 만든다. 이 설계도 위에 다양한 색모래를 입히면서 다차원 우주의 완벽한 질서가 펼쳐진다. 수행승들은 온 마음을 다해 지금 이순간에 집중하면서 호흡을 조절한다. 호흡은 명상으로 들어가는 문이다. 이 과정에서 깊은 무의식이 정화되면서 우주와의 합일을 경험한다. 만다라 안에서 색채와 도형의 에너지가 연결되고, 이것이 정렬되고 확장되면서 우주의 질서를 만들어가면서 궁극의 깨달음에 이르는 것이다.

만다라 안에 나타나는 다양한 이미지들은 에너지의 표현이자 무의식의 메시지다. 색채와 도형은 내면의 중심을 다시 일으켜 세우고, 박히고 끊겼던 파동 에너지가 다시 풀리고 정렬되고 연결하고 확장하는 것을 반복하면서 점차 균형과 조화로 나아갈 수 있도록 한다. 이렇게 이미지를 통해 시각적으로 인식하는 것은 우리 뇌에 강한 자극을 주기 때문에 내면의 변화는 더욱 강력하게 일어난다.

만다라의 도형 상징

만다라에는 핵심적인 다섯 가지 기본 도형들이 있다. 동서양의 문화와 삶, 예술에서 공통적이고 일반적으로 이야기하고 있는 내용이다. 완성된 자신의 만다라를 해석하면서 자신의 무의식이 주는 메시지를 이해하고 자각하는 데 도움이 될 것이다.

삼각형은 하늘로 향하는 산 모양을 닮았다

도형의 꼭짓점은 에너지가 모이는 자리다. 삼각형은 꼭짓점이 3개인 도형으로, 힘의 중심이 위로 향하는 모습이며 땅에서 하늘을 향한 에너지의 흐름을 나타낸다.

그리스의 철학자 피타고라스는 삼각형을 우주적 의미에서 생성의 시초로 여겼다. 위를 향한 집중된 힘과 에너지가 이 우주를 창조한 것으로 보았다. 높은 산의 모양, 피라미드, 두 손을 모아 신을 향해 기도하는 모습도 삼각형을 닮았다.

산은 땅으로부터 하늘로 향하여 에너지가 모여 있는 형상이다. 목표를 달성할 때 우리는 산의 정상에 오른다고 한다. 신을 만나 기도하기 위해서 산을 찾는 이유도 여기에 있다. 이렇게 삼각형은 하늘을 향하는 양의 에너지이며 능동적이고 상승하는 힘을 가지고 있다.

역삼각형은 하늘의 축복을 받아들이는 모습이다

역삼각형은 하늘의 창조 에너지가 땅을 향해 흐르는 모습이다. 위에서 아래로 물이 쏟아지는 폭포가 이러한 에너지를 가진다. 산속의 폭포 아래에서 명상을 하는 이유는 하늘의 에너지를 받기 위해서다. 또 단단하게 단련된 남성의 가슴 근육도 역삼각형인데 상반신의 에너지는 단전이 있는 배꼽 주변으로 모인다. 또 우리가 입는 역삼각형의 속옷은 성적인 에너지를 모아주는 역할을 하기도 한다. 이렇게 역삼각형은 삼각형과 반대로 위에서 아래로 내려오는 에너지며 힘의 중심이 아래에 있다. 받는 에너지, 음의 에너지며 수동성을 가진다.

육각형은 음과 양에너지의 통합이다

육각형은 위로 향하는 에너지와 아래로 향하는 에너지가 모인 강력한 에너지를 가진다. 두 개의 삼각형으로 이루어진 육각형은 물질 세계와 영적 세계의 조화를 의미한다. 대립의 통합, 조화와 완전성을 의미한다.

수많은 육각체로 만들어진 벌집은 강한 부화력을 가지고 있고 장수동물인 거북이의 등 또한 육각형이다. 건강한 물의 구조는 육각수이며 눈의 결정체, 수정의 분자구조도 육각형이다.

피타고라스는 6이라는 숫자가 영혼의 수라고 했다. 산스크리트어 '히란야'는 삼각형과 역삼각형이 만나는 육각형의 문양을 말하는데, 이는 '황금의 빛'이라는 뜻으로 '솔로몬의 인장' 또는 '다윗의 별'로도 불렸다. 고차원의 에너지를 가지고 부정을 막아주는 의미를 지녔고 기독교나 고대문명에서 사용되었으며 교황의 의상이나 이스라엘의 국기에도 사용되었다.

우리는 사각형의 네모난 세상에서 산다

나는 지금 네모난 창문이 있는 네모난 방에 앉아서 네모난 책상 위에서 네모난 컴퓨터를 바라보며 네모난 파일을 열어서 글을 쓰고 있다. 이 네모난 공간이 있는 건물도 사각형이다.

이렇게 건물이나 집, 땅, 공간 등을 이루는 사각형은 인간이 만든 구조인데 사각형의 꼭지점 네 개는 안정감과 심리적 균형을 가져다준다. 사각형은 우리의 생각을 현실로 만들어내는 에너지이며 물질세상에서의 창조 에너지다. 합리적 이성과 현실, 규정된 틀과 관련이 있다. 사각형은 물질 에너지기에 우리는 동그란 동전보다 네모난 돈을 훨씬 더 좋아한다.

둥근 원을 통해서 세상을 본다

원은 중심에서 같은 거리에 있는 점들이 모여서 이루어진다. 시작도 끝도 없는 원은 모가 나지 않은 원만함으로 보는 사람에게 편안함을 가져다준다. 우리는 엄마의 둥근 자궁에서 자라났고 산도의 둥근 터널을 회전하면서 이 세상으로 나왔다. 그리고 처음으로 엄마의 둥근 얼굴과 눈동자를 보면서 둥근 젖가슴 안에서 보호를 받으며 자라났다.

또한 원은 성서, 불경, 코란, 아즈텍 문명, 스톤 헨지, 인디언의 원, 중세의 교회 등 신성한 문헌과 동서양의 고대 문화에서 쉽게 찾아볼 수 있다. 인류는 우주 만물의 질서와 조화, 그 완전한 세계를 둥근 원으로 나타냈다. 원은 가장 완전한 도형이고 고정되지 않은 운동성, 부드러움과 따뜻함, 안전함, 무한함, 영원성, 완전성, 초월성, 진리, 하늘, 신성, 우주를 의미한다.

동양에서의 원은 깨달음과 본성을 의미하고 인간이 이를 수 있는 최고 경지를 상징하며, 서양에서도 천상을 의미하고 신성한 힘을 상징한다. 만다라 명상을 하면서 반복적으로 색연필을 돌고 돌리면서 원을 그리는 사람들이 많다. 엉켜 있는 실타래가 술술 풀리는 것처럼 내면의 엉킨 파동들이 풀릴 때 자신도 모르게 저절로 반복적인 원을 그리게 되는 것이다.

우리 몸에는 약 100조 개의 세포가 있고 세포 하나에도 100조 개의 원자가 있다. 이렇게 보면 '인간'이라는 우주 속에는 '세포'라는 은하가 있고, 이 은하에는 또 세포 수만큼의 '원자'라는 별들이 있다.

이 원자는 매 순간 회전하는 에너지다. 이렇게 우리 몸은 매 순간 서클링을 하는 온전한 만다라다. 원이라는 도형은 우리가 이미 온전한 존재임을 기억하게 하는 우주적 근원 에너지를 가지고 있다.

선의 형태에 따른 상징적 의미

선이란 수많은 점들이 모인 것으로 길이와 일정한 방향을 가지고 있다. 만다라 안에서 다양한 선들의 표현 방식을 통해서 심리적인 특성과 무의식의 상징을 알 수 있다. 손에 힘을 주고 강하게 그었는지, 힘을 뺐는지, 한 번에 그었는지, 망설이면서 했는지 등 선의 유형과 방향, 힘의 세기 등은 각각 다양한 심리적 의미를 담고 있다. 모든 그림은 선에서 시작된다고 할 만큼 그린다는 행위는 선을 사용하는 것에서 출발한다.

- 수평선 : 고요하고 편안함, 안정적, 휴식, 현실적, 땅의 에너지, 땅과 하늘의 분리
- 수직선 : 수평선에 비해 활동적, 중심 잡힘, 침착함, 신성과 현실의 결합, 위와 아래를 연결하는 에너지
- 대각선 : 역동의 에너지, 흥분됨, 긴장감, 강한 움직임, 상승과 추락, 불안감
- 물결선 : 상하로 움직이는 에너지, 에너지의 흐름과 운동성, 감각적 예민함, 민감성

- 강한 선 : 강한 의지, 긍정 또는 부정의 내면의 강한 에너지
- 가는 선 : 힘을 뺀 상태, 의지가 약함, 내면의 힘이 없음 또는 내려놓음
- 엉키고 복잡한 선 : 혼란함, 가야 할 길을 잃음, 스스로 절제가 안 됨
- 격렬한 선 : 충동을 조절하지 못함, 내면의 공격성, 분노

무의식을 치유해
내면을 성장시키다

둥근 원 안에서 무의식이 치유된다

만다라 명상은 하나의 둥근 원을 만나는 것에서 시작한다. 둥근 원은 텅 비어 있지만 고요함으로 가득하다. 둥근 원을 가만히 바라보고 있으면 어느새 초초하고 불안한 마음이 고요하게 잠잠해진다. 따뜻하고 부드럽게 보호하는 에너지를 가지고 있는 원은 나의 거친 마음을 포근하게 감싸주기 때문이다. 누구라도 둥근 원 안에서는 편안한 보호를 받게 된다. 그리고 둥근 원 안으로 쑥 빨려 들어가는 집중과 몰입을 통해 생각은 멈춰지고 마음은 세타파의 명상적 상태가 된다.

인류는 모든 만물을 기르고 먹이는 따스한 태양의 생명 에너지를 동그라미로 나타냈다. 이러한 원은 가장 완전한 형태이며 하늘과 우주의 에너지를 가지고 소우주인 인간과 대우주를 연결한다.

만다라 명상을 시작할 때 빈 종이에 둥근 원 하나를 그리는 순간, 원 안은 고요하고 성스러운 세상이 된다. 둥근 원 안의 안전하게 보호된 공간 에너지는 신성한 공간이 되고 여기에 나의 무의식을 안전하게 초대하게 된다.

이렇게 깊은 무의식을 꺼내는 것만으로도 이미 치유는 시작된다. 무의식은 손을 움직이고 몸을 움직이는 행동 명상을 통해서 다양한 색채와 도형의 시각 언어로 펼쳐지면서 점차 부조하는 조화로, 불균형은 균형으로 에너지가 밝아지게 된다.

우주의 중심에 나를 세운다

모든 원에는 반드시 중심이 있다. 우리 몸의 세포나 원자에도 그 중심의 핵이 있다. 우리 몸의 중심에 몸을 지탱하는 척추가 있는 것처럼 우리의 마음에도 중심이 있다.

매일 일기를 쓰듯이 만다라 일기장을 만드는 사람들이나 꾸준히 만다라 명상에 참여했던 사람들을 보면 처음에는 중심이 잘 보이지 않거나 빗나가 있었는데 횟수를 거듭할수록 둥근 원의 가운데에 자리를 잡으면서 점점 단단해지는 것을 볼 수 있다. 만다라 명상을 통해서 점차 마음의 중심이 세워지고 단단해지며 몸의 중심인 척추에도 힘이 생긴다.

부모의 충분한 사랑과 지지를 받고 자란 아이를 보라. 어깨가 펴져 있고 당당하고 자존감이 우뚝 서 있다. 세상의 주인공이 자기 자신이라는 것을 당연하게 알고 있다. 반대로 자존감이 무너져 있으면 마음의 중심을 잃고 힘을 받지 못하며 몸도, 삶도 무너지게 된다. 현대인들의 척추질환 또한 이처럼 심리적인 것과도 관련이 있다.

만다리 명상은 내면의 중심을 세우고 단단한 중심의 힘으로 자신이 원하는 삶으로 나아가는 과정이다. 내 마음이 세워지면 몸도 세워지고 내 삶도 그렇게 당당해진다. 원의 중심으로부터 시작된 에너지 정렬은 다양한 색과 도형들이 서로 만나고 교차하면서 새로운 통합의 질서를 만들어간다. 불필요한 파동과 에너지가 정리되고 부족한 에너지들이 새롭게 채워지면서 의식과 감정, 몸, 영혼의 아름다운 통합이 일어난다.

창조-경험-소멸, 우주적 순환 원리를 보여준다

모든 생명은 태어나고 자라고 죽는 것을 반복하면서 진화한다. 밤하늘의 별들도 태어나 자라고 사라짐을 반복한다. 인류는 이러한 자연과 우주의 순환을 원의 구조로 이해하고자 했다. 우리가 사는 이 지구도 매순간 돌고 있으며 달도, 행성도, 우리 몸의 차크라도 모두 돌고 있다. 우주가 창조되고 소멸되는 순환 원리는 소우주인 인간에게도 적용된다. 영원한 생명이기에 죽는 것도 없고 사는 것도 없는 것이다.

만다라를 정성껏 만들고 완성된 후 그것을 소멸하는 과정은 우주의 순환을 재현하는 과정이다.

티베트 승려들은 수행 도구로 모래 만다라를 만들면서 미세하게 호흡을 조절하는 과정에서 찰나의 깨달음을 얻는다. 그리고 수개월에 걸쳐 완성된 만다라를 미련 없이 한 번에 소멸한다. 이 과정을 지켜보는 모든 사람은 놀라운 충격과 함께 모든 것이 원래의 자리로 돌아가는 공의 깨달음을 얻는다. 우리 인생이 오직 지금 이 순간에 존재하는 것처럼 만다라를 만드는 바로 그 순간이 전부인 것이다.

모래알 한 알 한 알, 지극한 마음으로 정성을 다해 만든 내 세상이 눈앞에서 단번에 사라진다. 바로 여기에 만다라의 위대함과 핵심 사상이 있다. 내 것이라고 붙잡고 있던 모든 것을 주저없이 내려놓는 것이다. 나의 슬픔, 아픔, 분노, 기쁨, 행복 등 그 모든 나의 세상이 눈앞에서 한순간 사라지면, 모든 감정이 내가 붙잡고 있던 생각이었음을 깨달을 수 있다.

이렇게 모든 것이 흘러간 공의 자리는 내가 원하는 것을 다시 시작할 수 있는 새로운 창조의 시작점이다. 무극, 제로, 근원의 자리이며 인도 수학에서는 영(0), 현대 물리학의 영점장(zero point field), 순수의식의 바다다.

몸과 마음의 온전한 파동을 회복한다

사랑을 언어와 이성으로 설명할 수 없다. 사랑은 경험하고 느끼는 것이기 때문이다. 사랑, 기쁨, 감사, 행복의 고유 진동수가 있는데 그것을 느끼고 경험했을 때 우리의 무의식 프로그램에 저장되어 삶에서도 그렇게 살아가게 된다.

만다라 명상은 고유하고 온전한 파동을 가지고 내면의 부정적 파동과 마이너스 에너지를 정렬하는 프로그램이다. 지구의 핵심 에너지를 가진 꽃, 크리스털, 모래 등은 각기 고유한 진동수를 가지고 있으며 다양한 색깔과 형태들도 각기 고유한 파동이 있다. 명상적인 몸의 움직임으로 완성되는 만다라는 시각적으로도 매우 아름답지만 그 제작 과정 자체가 자신의 깊은 무의식을 안전하게 꺼내 치유하는 과정이다. 만다라 명상 과정에서 자신의 감정과 생각, 몸의 감각 등을 알아차리면 점차 무질서했던 내면의 파동은 온전해지고 내면의 지도가 새롭게 재배열된다.

예를 들어 오늘 내가 슬픔을 느끼면서 '슬픔의 만다라'를 완성했다고 하자. 이것은 나의 슬픈 마음의 이미지다. 이 완성된 만다라를 눈으로 바라보고 그러한 마음이 어디에서 왔는지 자각하고 자신만의 깨달음을 얻게 된다. 자신의 마음을 시각화하면 명확한 자각이 일어난다. 창조와 리딩을 마친 후 마지막 순간 내가 만들었던 만다라를 소멸한다. 그리고 소멸된 후 만다라의 텅 빈 자리를 바라본다. '아, 내가 만든 세상이니 내가 소멸할 수 있구나', '슬픔도 아픔도 다 나의 한 생각 속에서 만들었구나.'

이렇게 리셋된 마음으로 새로운 만다라를 준비한다. 새로운 만다라의 중심에 무엇을 세울지 떠올린다. 만약 내가 원하는 것이 슬픔이 아니라 기쁨의 세상이라고 생각한다면 이제 다시 만다라의 중심에서부터 기쁨의 만다라를 창조하는 것이다. 내가 진정 원하는 평화의 세상을 다시 만들어간다. 이러한 만다라 명상을 통해 나는 내 삶의 주인공이 된다. 선택의 주인, 삶의 주인이 되는 것이다.

융은 만다라를 치유의 원, 영혼의 창이라고 했다. 우리는 만다라를 통해 깊은 무의식을 치유하면서 내면 성장을 위한 아름다운 여정을 시작할 수 있다. 우주의 순환과 창조의 원리가 담긴 만다라는 매우 특별하고 영적인 의식이기도 하다. 만다라 명상은 자신이 만다라를 창조하는 지금 이 순간에 현존하게 하고, 시각적인 자각과 깨달음을 통해서 삶의 주인으로 살 수 있도록 우리를 안내한다.

만다라 명상의 다섯 가지 특징

십수 년 전이다. 나는 마음이 너무 고통스러워 매일 밤 무작정 거실 바닥에 앉아서 눈을 감고 명상을 처음 시작했다. 그러나 눈을 감고 앉아 있는 1분이 참으로 길게 느껴졌다. 머릿속에서는 생각이 꼬리에 꼬리를 물고 과거와 미래, 시공간을 넘나들었다. 마음이 살짝 고요해지려고 하면 갑자기 나를 불쾌하게 했던 사람이 떠오르면서 기분이 나빠졌다.

어느 때는 명상 내내 화가 난 감정으로 들썩이고 뒤집어지다 어느 순간 화가 치밀어 감았던 눈을 번쩍 뜨기도 했다. 마음은 쉴 새 없이 시끄럽고, 혼란 속에서 길을 잃은 매일 밤 스스로 자책하며 괴로운 나날들을 보냈다.

그러나 이러한 명상 훈련을 몇 년간 진득하게 하다 보면 어느 정도 고요한 평정심을 찾게 된다. 그리고 좀 더 훈련이 되면 눈을 감고 방석 위에 앉는 순간 시공간이 사라지고 몸과 마음이 새털처럼 가벼워지면서 한없이 평화로운 빛의 상태가 된다. 그러나 이렇게 되기까지는 너무나도 많은 시간이 걸렸다.

명상이란 자신의 마음을 바라보는 것이다. 예를 들어 남편 때문에 화가 났다면 손가락의 방향을 남편이 아니라 나에게로 향해 스스로에게 '내가 왜 남편 때문에 화가 나지?'라고 질문하며 화가 난 '내 마음'을 바라보는 것이다.

우리의 마음은 타인이 아니라 자신의 내면을 명확히 바라볼 때 비로소 치유가 시작된다. 그러나 마음이라는 것은 실체가 없기 때문에 보이지 않는 내면을 보기까지도 오랜 시간이 걸린다. 만다라 명상은 마음을 시각적으로 보여주는 거울이다. 그래서 누구라도 쉽게 시각화된 자신의 마음을 바라보고 자각하면서 내면의 고요함을 찾을 수 있도록 한다.

적당한 거리를 두고 내 마음을 보는 시각 명상

보이지 않는 것을 쉽게 믿을 수 있는가? '백문이 불여일견'이라는 말처럼 우리는 눈으로 본 것을 믿게 된다. 시각은 모든 감각 중에 가장 강력한 영향을 주는 고도의 감각이기에 눈으로 직접 본 것을 두뇌로 인식하고 이것을 신뢰하게 된다.

만다라는 보이는 마음 그림이다. 둥근 원 안에 다양한 색깔의 이미지로 나타난 심리적 상징들을 바라보면서 하나둘 암호문이 풀리고 이해할 수 없었던 내 마음을 스스로 알아주고 이해하기 시작한다. 만다라가 완성되면 한 눈에 쏙 들어오도록 조금 떨어져서 놓는다. 객관화된 내 마음을 적당한 거리를 두고 그것을 관조할 때 자각과 통찰이 시작된다. 이렇게 현재 내 마음의 상태를 정확하게 인식하면서 치유가 시작된다.

만다라에 대한 융의 이론 계승자이자 미술치료사인 조안 켈로그(Joan Kellogg)는 빠르게 변화하고 있는 현대 미국인들이 정신적 중심을 잡아야 한다고 생각해, 이를 위해 만다라를 치유의 도구로 사용했다. 나도 모르는 내 마음, 나도 잘 모르는 내 생각들이 엉켜 있다면 그 또한 내가 왜 그런지 인식하고 풀어나가야 한다.

그동안 만다라 명상을 체험한 모든 사람들의 공통점은 만다라를 그리거나 제작하는 과정, 완성된 후 객관적으로 거리를 두고 관조하면서 자기 관찰, 자기 발견, 자기 통찰이 일어나 내면의 중심을 찾고 삶의 중심을 찾고, 나아가 원하는 삶의 방향으로 나아가고 있다는 것이다.

몸을 움직이는 행동 명상

얼마 전 가만히 있지 못하는 어른들을 위한 손가락 장난감이 인기를 끌었다. 한 손으로 휴대전화를 만지면 다른 손이 심심하니까 장

난감을 돌린다고 하는데, 처음에는 이걸 왜 하나 싶다가 나중에는 생활습관이 된다고 한다. 이처럼 생각이 많고 정서적으로 불안한 현대인들은 오랫동안 진득하게 가만히 앉아서 명상을 하는 것이 쉽지 않다. 따라서 몸을 움직이는 행동 명상은 보다 쉽고 빠르게 자신의 내면과 만날 수 있도록 한다.

만다라 명상에서는 고요한 명상적 상태에서 내면에 집중하고 천천히 손을 움직이면서 만다라가 펼쳐진다. 미세한 움직임 하나하나에 집중하면서 몸을 움직이는 것은 무의식의 흐름이다. 무언가를 그리려고 하거나 어떤 형태를 만드는 것이 아니라 그저 손과 팔의 움직임 자체에 자신을 맡기게 될 때 몸에서 팔과 손끝으로 무의식의 이미지가 흘러나오면서 이미지가 만들어진다.

이렇게 명상적인 상태에서 몸을 움직이는 행동 명상은 내면의 깊은 무의식을 치유하고 풀림을 가능하게 한다. 우리의 몸과 마음에 저장된 부정적 에너지들, 흐르지 못하고 묶여 있던 에너지 블록이 다시 흐르면서 몸과 마음, 의식이 개운해지는 통합적 치유가 일어난다. 이러한 만다라 명상은 매우 쉽고 빠르게 명상에 집중하게 되고, 지루하지 않고 재미가 있어서 시간은 금방 흘러가고 고요함으로 몸과 마음이 가벼워진다.

지루하지 않고 재미있는 오감 명상, 예술 명상

만다라 명상은 기본적으로 여러 가지 색깔의 색연필을 사용하지만 지구의 핵심에너지가 담겨 있는 입체적인 다양한 생명 재료들도 사용한다. 아름다운 꽃들, 빛나는 크리스털 보석들, 싱싱한 야채와 과일들, 건강한 씨앗들, 형형색색의 과자와 먹거리들, 색 모래와 자갈들, 화려하게 빛나는 비즈 등이다. 이렇게 다양한 입체 재료들로 오감을 체험하면서 보다 쉽게 직관을 깨울 수 있다.

예술 활동은 인간의 감성, 감각과 관련된 창조적 행위이며 이것은 무의식과 연관되어 있다. 안전한 만다라 공간에서 펼쳐지는 무의식의 그림자들은 예술적 차원으로 승화되면서 상처의 치유가 고통스럽지 않게 아름답게 흘러간다. 내면의 상처를 다루는 대부분의 프로그램들은 아픔을 꺼내는 과정에서 감정이 폭발되고 격앙되는 경우가 있는데, 만다라 예술 명상은 내면의 상처와 아픔을 부드럽게 꺼내어 짧은 시간 안에 아름답게 치유하는 것이 특징이다. 그리고 각 개인의 고유한 만다라 작품은 비교하고 평가하는 대상이 될 수 없다. 모두 고유하고 특별한 가치를 담고 있는 무의식의 이미지이기 때문이다.

만다라 명상의 핵심은 무의식을 의식으로 끌어올리는 것으로 무의식을 정화해 무의식과 의식을 통합하는 것이다. 만다라 안에서 자신의 상처와 두려움을 바라보고 그것이 어디에서 시작되었는지 자각하여 치유하고 흘려보내면 새로운 행복의 만다라를 다시 펼칠 수 있다.

축복의 진동을 기억하는 파동 명상

날마다 불행하게 사는 부모가 자식에게는 '너는 나처럼 살지 말고 행복하게 살아라'라고 이야기한다면 그것은 불가능하다. 그 아이는 불행한 부모를 보면서 마이너스 파동과 진동을 프로그램화하고, 뇌의 시냅스가 불행의 정보로 세팅되었기 때문이다. 사랑도 행복도 모두 파동이다. 내 몸과 마음이 행복의 진동수를 기억하고 있을 때 우리는 행복을 경험할 수 있다. 마찬가지로 풍요의 진동수를 기억하고 있을 때 풍요를 경험할 수 있다. 행복의 파동을 느껴보지 못하고 살았던 사람은 자신이 평생 꿈꾸던 백마 탄 왕자님을 실제로 만난다고 해도 '내가 정말 행복해도 되는 건가' 하고 의심하고 불안해하면서 행운을 외면하는 경우가 있다. 내 안에 행복의 파동이 DNA에 기록되어 있어야 행복을 끌어당길 수 있다.

만다라 명상은 행복과 축복의 파동을 끌어당기는 명상이다. 각기 고유한 주파수를 가진 색깔, 도형, 생명의 재료를 통해 몸과 마음, 의식이 행복을 경험한다. 그리고 이렇게 기억된 축복의 파동은 자신의 삶을 행복으로 연결한다.

꽃 만다라의 아름다운 축복 속에서 눈물이 흐른다. '아, 내가 정말 축복의 존재구나'를 느끼고 크리스털 만다라의 순수한 빛을 경험하면서 '아, 내가 빛나는 존재구나'를 저절로 느끼게 된다. 모래 만다라에서 '아, 내가 위대한 존재구나'를 과자 만다라의 '아, 내가 기쁨의 존재구나'를, 씨앗 만다라의 '내가 온전한 존재구나'를 느끼면서 행복과 축복의 파동을 온전히 경험한다.

이처럼 만다라 명상은 우리의 아픔과 상처에 집중하는 것보다는 행복의 감각과 빛의 파동을 경험하면서 그것을 강화시키는 것이 목적이다. 우리가 행복의 파동을 경험하고 그것을 몸과 마음이 기억할 때 우리의 삶도 그렇게 흐를 수 있다. 이 아름다운 여행을 통해서 우리는 마이너스 그림자 파동에서 벗어나 내면의 아름다운 빛을 깨우면서 아름답고 행복한 세상을 향해 나아가게 된다.

함께하면 더 좋다

만다라 명상은 혼자 하는 명상도 좋지만 여러 명이 함께하는 그룹 명상도 매우 의미가 있다. 함께하는 사람들은 자신의 거울이 되어 다양한 내 마음을 직면하게 된다. '내가 가져가려고 생각했는데 그 새 저 사람이 가져갔네', '저 사람의 만다라가 나보다 더 좋아 보이는군', '저 사람이 다 가져가서 내가 할 것이 없는데…' 등 올라오는 내 마음들을 있는 그대로 바라보는 훈련의 장이 된다.

이럴 때는 '아, 내가 또 비교하고 있구나', '내가 있는 것보다는 없는 것에 집중하면서 나의 부족함을 여기서 경험하고 있구나' 하고 내 마음을 알아차릴 때 거기에서 나올 수 있다.

그룹 작업은 이렇게 서로가 서로의 마음을 비추어 자신의 마음을 알아차릴 수 있는 기회가 된다. 또 어떤 사람은 재료가 아직 남아 있는 접시들보다 항상 비어 있는 접시들, 없는 것에 집중하면서 자신의 삶에서 경험하는 아쉬움, 부족감 등을 이곳에서 경험하기도 한다. 그룹 작업의 가장 큰 장점은 여러 사람들이 함께하는 명상 과정에서 에너지가 풀리면서 파동의 재정렬이 더욱 강력해진다는 것이다. 그리고 만다라 명상을 위해 재료를 준비하면서 다양한 재료를 충분하게 준비할 수 있다.

만다라 명상 따라하기

나 자신을 사랑하라, 만다라 명상

BTS의 노래 'Answer : Love Myself'의 '자신을 사랑하라'는 메시지는 매우 명상적이다. 융에게 영감을 받은 BTS 앨범(MAP OF THE SOUL)는 융의 책 제목과도 일치한다. 명상은 자기 자신을 있는 그대로 바라보고 스스로를 이해하고 사랑하는 최고의 실천법이다.

명상인과 일반인의 차이는 밖을 보느냐와 안을 보느냐의 차이다. 명상인은 '쟤가 왜 나를 화가 나게 하지?'가 아니라 '쟤 때문에 내가 왜 화가 나지?'라고 스스로를 본다. 손가락의 방향이 자신을 향하지만 스스로를 탓하는 것과는 다르다. 속상하고 아픈 내 마음을 알아주고 자각하고 원하는 방향으로 마음의 지도를 그려가는 것이다. 명상을 한다고 착하고 순한 사람이 되거나 현실을 떠나 신비롭고 초월적인 존재가 되는 것이 아니다. 명상은 매우 실존적이고 고차원적인 정신 분석이라고 할 수 있으며 지금 이 순간, 바로 여기에 현존하는 것이다.

만다라 명상은 세움과 풀림의 과정이다

이제 보이지 않는 마음을 찾아 어디론가 멀리 떠날 필요가 없다. 만다라 명상은 마음을 시각화된 이미지로 바라보고 인식하기 때문에 훨씬 이해와 자각이 쉽고 재미있다는 특징이 있다. 따라서 할 일이 많아서 바쁘고, 지루한 것을 못 견디는 현대인에게 가장 잘 맞는 명상이다. 고요한 명상적 체험으로 둥근 원에 무너진 나의 중심을 세우고 분열과 혼란으로 엉켜 있는 이미지들이 점차 풀리면서 원래의 고유한 파동을 찾아 균형을 회복한다. 고요함 속에서 중심을 세우고 엉킨 파동을 풀어내면서 무의식의 그림자는 스스로 치유가 일어나고 내 마음의 지도는 행복으로 펼쳐지게 된다.

만다라 명상 실천 방법

준비 단계

만다라 명상을 위해서는 공간을 정화하는 작업이 무엇보다 중요하다. 창문을 열어 환기를 시키고 향을 피워도 좋고, 편안한 음악도 준비한다. 음악은 너무 무겁거나 귀에 거슬리지 않으면서 내 귀에 편안한 음악이면 좋다. 다양한 재료들을 사용하는 만다라 명상은 PART 2에서 소개하고, 여기에서는 기본적인 컬러 만다라 명상의 과정을 소개한다. 처음에는 12색 정도의 색연필과 A4용지를 준비하고 점차 익숙해지면 색의 종류를 늘리고 종이의 크기를 조금씩 키워나가도 좋다.

1단계: 서클 명상(3~5분)

흰 종이를 앞에 놓고 하나의 원을 그린다. 이때 컴퍼스를 이용하거나 둥근 접시를 뒤집어놓고 원을 그려도 좋다. 둥근 원은 자신의 마음 세상이다. 둥근 원을 앞에 두고 앉아 있으면 불안하고 복잡한 마음이 어느새 잠잠하고 고요해진다. 서클 명상은 나를 둥근 원의 에너지와 연결하는 첫 번째 명상이다. 만다라의 둥근 테두리는 심리적 경계로서 만다라에서 매우 중요한 역할을 하는데, 둥글게 보호된 편안함 때문에 깊은 무의식의 문을 열 수 있는 것이다.

먼저 둥근 만다라를 앞에 놓는다. 고요한 마음으로 잠시 바라보면서 천천히 눈을 감는다. 내 앞의 텅 빈 원은 본래 순수한 나의 마음 세상이라고 생각한다. 숨을 들이마시고 내쉬면서 어머니의 자궁 안처럼 보호받고 안정된 느낌을 느껴본다. 마치 내가 우주의 중심에 앉아 있는 것처럼 이 무한한 원의 중심에 내가 앉아 있다고 상상한다. 그리고 나에게 느껴지는 감각이나 생각들을 있는 그대로 바라본다. 생각이 올라오면 '아, 생각이 올라오는구나'라고 있는 그대로 바라본다. 그러면 생각은 다시 흘러간다. 몸의 느낌, 감정은 어떤지 있는 그대로 느끼고 그것을 바라본다. 지금 이 순간 편안한 느낌이든 불편한 느낌이든 그것을 있는 그대로 느낄 때 치유된다. 그리고 마지막으로 하나의 색깔을 떠올려본다. 그것을 기억하고 천천히 지금 이 공간으로 돌아온다.

2단계: 빈두 명상(3~5분)

중심을 뜻하는 빈두 명상은 자신의 중심을 세우는 명상이다. 나의 생각의 중심, 마음의 중심, 몸의 중심, 영혼의 중심을 세운다. 만다라 무한한 원의 중심에 내가 있다. 세상의 중심에 내가 있다. 내가 우주의 중심에 앉아 있다. 그 고요한 중심을 느낀다. 내 몸을 느끼고, 바닥에 닿는 엉덩이를 느끼고, 지구의 중심과 내 몸을 연결한다. 지구 에너지를 연결하여 지구의 지지를 받게 되면 척추가 세워지고 가슴이 펴진다. 그 고요한 중심의 힘을 느껴보고 온 세상과 우주의 지지를 받아 주인공으로 우뚝 선 자신을 느껴본다.

3단계: 만다라 창조의식(바라보기-움직이기-머물기 반복)

자신의 세상인 만다라를 만들 때 멋지거나 예쁘게 보이려는, 또는 잘해보려는 모든 생각과 마음을 내려놓고 몸의 움직임에 자신을 맡긴다. 그저 내 손이 가는 대로 그것을 허용하면서 그 움직임을 따라 자연스럽게 흘러가야 한다. 그리고 만다라를 만드는 지금 이 순간에 항상 머무르면서 내 안에서 올라오는 모든 생각이나 감정, 느낌 등 그 어떤 것들도 판단하지 않고 '아, 그렇구나', '내가 지금 잘하려고 하고 있네', '내가 지금 남과 비교하고 있네'라고 있는 그대로 바라보는 것이다.

우리의 몸에는 무의식이 느낌과 에너지로 저장되어 있다. 온전하게 깨어 있는 명상적 상태에서 손과 팔을 움직이고, 몸을 움직이면서 나의 세상인 만다라를 만들어간다. 호흡은 에너지를 흐르게 하며, 만다라를 만드는 과정에서 내면의 억압된 감정과 부정적 그림자들은 서서히 녹기 시작한다.

몸의 흐름은 무의식의 흐름이다. 이러한 몸의 흐름에 자신을 맡기면 저절로 무의식이 정리되면서 내면의 불균형한 파동들이 제자리를 찾아간다. 그러면 그동안 막혀 있던 에너지가 흐르면서 나의 삶도 다시 흐른다. 그래서인지 만다라 명상을 한 사람들 중에는 명상 전에는 스트레스 상태이거나 피곤하거나 긴장감이 있었는데 만다라를 완성하고 난 후에는 마치 깊은 숙면을 취하고 난 것처럼 몸과 마음이 개운해졌다고 이야기한다.

4단계: 만다라 리딩(자기관찰–자기이해–자기통찰의 과정)

완성된 만다라를 해석하는 일은 만다라 명상의 핵심과정 중 하나이다. 만다라의 이미지를 관찰하면서 자신에 대한 이해와 통찰이 일어나게 된다. 그리고 이러한 느낌, 감정의 작업들을 언어화시키는 작업은 매우 중요하다. 뇌의 인지적 과정과 통합시킬 때 깨달음의 경험은 더욱 확장되기 때문이다.

리딩 과정은 처음에는 혼자 하기는 다소 어려울 수 있지만, 훈련을 통해서 어느 정도 가능하다. 먼저 완성된 만다라가 한눈에 들어오도록 30~50센티미터 정도 떨어져서 자신의 눈높이에 놓는다. 그리고 이를 객관화된 대상으로 내 마음 세상을 바라본다. 이렇게 적당한 거리를 둘 때 전체를 조망할 수 있게 된다. 그리고 마치 심리탐험가처럼 만다라 안의 상징들을 탐구해본다.

한눈에 들어오는 만다라를 고요한 마음으로 관조할 때 독립된 자신만의 목소리를 낼 것이다. 완성된 만다라 작품은 구체적으로 존재하는 하나의 독립된 대상이다. 따라서 독립된 개체는 자신의 목소리를 낸다. '아, 나는 지금 마음이 많이 복잡해', '지금 나는 불안해서 어찌할 바를 모르겠어' 등 내면의 소리를 듣게 된다. 완성한 후에는 많은 이들이 '그릴 때는 아무 생각이 없었는데 지금 보니…'와 같이 새로운 자각과 통찰에 스스로 놀라는 경우가 많다.

완성된 만다라 여백에 오늘의 날짜를 적고 만다라를 창조하는 과정에서 떠오르는 생각이나 느낌, 연상되는 단어나 문장들을 적어본다. 적는 글이 앞뒤가 안 맞아도 좋다. 자유롭게 기록하면서 맨 처음 떠오르는 생각이나 느낌을 위주로 3~5줄 정도 써내려간다. 이렇게 언어화된 내용들은 만다라를 리딩하는 데 중요한 단서가 된다.

완성된 만다라 작품에서 핵심이 되는 색깔과 형태는 자신의 무의식을 읽는 핵심 키가 된다. 그것을 바라볼 때 어떤 느낌이 드는지, 떠오르는 생각은 무엇인지 단어나 문장을 적는다.

이후 '4레벨 자각훈련'을 통해 자신의 만다라를 리딩해본다. 이 과정은 자신의 몸에서 느껴지는 감각들과 가슴에서 올라오는 감정, 머리에서 떠오르는 생각, 떠오르는 직관들을 그것이 긍정이든 부정이든 판단하지 않고 그대로 바라볼 때 명상의 효과는 극대화된다. 각각의 단계는 아래와 같이 구성되어 있다.

- 육체적 레벨: 몸의 느낌, 감각이나 통증을 미세하게 알아차린다.
- 감정적 레벨: 내 안에서 느껴지는 여러 감정들을 알아차린다.
- 인지적 레벨: 떠오르는 생각, 단어나 문장, 기억 등을 알아차린다.
- 영적인 레벨: 불쑥 떠오르는 자신의 직관에 의한 지혜, 통찰 등을 알아차린다.

둥근 원 안의 처음 시작한 지점과 처음 사용한 색은 내면을 읽는 매우 중요한 핵심이다. 그리고 주로 많이 사용한 색깔도 중요한 단서가 된다. 예를 들어 만다라 명상을 하면서 오늘 나를 화가 나게 했던 친구가 계속 떠올랐다고 하자. 만다라 안에 거칠게 그려진 녹색의 별이 마치 그 친구처럼 느껴지면서 가슴이 묵직한 느낌이 든다(육체), 답답함이 느껴진다(감정), 이해할 수 없다는 생각이 든다(인지), 내가 이해받고 싶은데 무시당한 것 같다. 그리고 내가 왜 그러한지, 그리고 내가 무엇을 원하는지 자각한다(영적), 이렇게 만다라 안의 상징들을 마치 암호문을 풀어나가듯 4레벨로 자각하면서 통합적인 알아차림이 일어나고, 내면이 풀리고 치유되는 경험을 할 수 있다.

5단계: 자기 축복 명상 세션

완성된 만다라를 내 앞에 놓는다. 잘하고 못하고의 모든 판단을 멈추고 만다라를 바라보면서 나의 가슴으로 연결한다. 이 만다라가 나를 축복한다고 상상하면서 PART 2에 있는 '자기 축복 명상 세션'의 내용을 소중한 나 자신에게 소리 내어 천천히 읽어준다.

6단계: 만다라 소멸의식

축복 세션을 통해 하늘과 우주의 축복을 흠뻑 받아들이고 이제 만다라를 소멸하는 시간이다. 재료를 사용한 만다라는 원 가장자리부터 중심을 향해 두 손으로 재료들을 모으고, 이미지를 그린 만다라는 상상 속에서 그것을 소멸하면 된다. 내가 만든 나의 세상을 소멸하는 순간은 만다라의 핵심이다.

만다라 안에서는 잘하고 못하고, 맞고 틀리고가 없다. 어떠한 색이든 형태든, 모든 감정들은 존중받아야 할 소중한 자원이다. 만다라 안에서는 어떤 것도 안전하게 보호받으며, 오직 이순간의 경험만이 존재한다. 지금 내 앞의 만다라처럼 나는 내 세상 안에서 여러 감정의 파동의 춤을 추고 있었다. 그것을 있는 그대로 바라보고 그럴 수밖에 없었던 자신을 도닥여줄 때 자기 사랑이 시작될 수 있다.

천천히 원 바깥에서부터 중심을 향해 무의식의 이미지를 리셋한다. 한바탕 감정놀이가 끝나고 아무것도 없던 원래의 텅 빈 자리로 돌아왔다. 만들어진 모든 것들이 공의 자리, 영(0)의 자리로 돌아왔다. 잠시 그 소멸된 텅 빈 자리를 느낀다. '나'라고 생각하고 꽉 쥐고 있던 것들, 내가 단단하게 부여잡고 있던 것들이 사라진 자리가 있다. 소멸은 내가 그동안 경험했던 것들이 다 지나가는 것이다. 이것이 만다라의 핵심이다.

내가 오늘 나의 만다라 세상에서 아픔의 춤을 추었다면 이제 그것은 지나갔다. 그렇다면 이제 소멸된 공의 자리에 무엇을 심을 것인가? 나의 세상에서 무엇을 재창조할 것인가? 지나간 그 빈자리는 새로운 창조의 시작점이며 여기에서 내가 원하는 것을 다시 창조할 수 있다. 이렇게 만다라는 본래의 주인 자리를 회복하는 위대한 명상이다. 무의식의 그림자를 넘어 빛으로 가는 여정, 이것이 위대한 만다라의 치유의 힘이다.

만다라 작품을 바라보는 명상법

앞에서는 만다라를 직접 만들면서 명상하는 방법을 소개했다. 이번에는 만다라 작품을 바라보면서 그것에 집중하는 명상 방법을 소개하고자 한다.

복을 가져오는 그림

전통적으로 색채와 형태가 우주적 조화를 이룬 만다라를 전통적으로 복을 가져오는 그림이라고 부르면서 보물처럼 소장해왔고, 이를 바라보면서 삼라만상의 본질을 성취한다고 믿었다.

만다라 작품을 보는 명상법에서 제일 중요한 것은 만다라를 고르는 것이다. 만다라라고 해서 모두 치유 에너지가 있거나 깨달음의 경지를 표현한 것이 아니다. 예술 작품은 작가의 내면세계를 반영하지만 만다라는 특히 그것을 제작한 작가의 심리적 상태와 의식, 영적 세계를 그대로 반영한다. 이에 따라 엄격하게 자신을 틀 안에 가두는 만다라도 있고 밝은 빛의 세계가 아닌 어두운 그림자 파동을 가진 만다라도 있기 때문이다.

명상에 사용할 만다라를 고를 때는 온전한 파동을 가진 긍정의 빛이 가득한 편안한 만다라를 선택하는 것이 중요하다. 강렬하면서도 마음이 편안해지고 따뜻한 빛이 느껴지면서도 마음을 끌어당기는 집중된 힘이 있는 것이 좋다. 그래야만 그것을 바라보고 명상하는 사람에게도 긍정의 주파수를 연결하여 부정적 마이너스 파동을 해체시키고 보다 높은 의식의 에너지로 연결될 수 있다.

우리가 우울하고 복잡한 마음과 생각을 가지면 뇌파가 베타파에 머물게 되는데, 만다라 명상은 짧은 시간에 뇌파를 세타파의 고요한 이완 상태로 빠르게 전환시켜준다. 스트레스가 감소되고 마음이 차분해지면서 몸과 마음이 개운해지고 내면의 에너지를 빠르게 회복할 수 있다.

이처럼 만다라 작품을 바라보는 시각적 집중 명상은 가장 짧은 시간에 집중된 명상 효과를 얻을 수 있다. 바쁘거나 쫓기는 일상에서도 누구라도 잠깐의 시간을 내서 언제 어디서든 할 수 있다.

만다라 명상 실천 방법

명상을 위해 만다라 작품을 고를 때는 여러 만다라 중에서 내 시선이 머무는 것을 선택하라. 이것이 바로 오늘 나에게 필요한 에너지를 가져다줄 행운의 만다라이다. 만다라 명상을 시작하기 전 공간을 정화하고 편안한 음악을 준비해도 좋다. 오늘의 만다라를 선택해서 내 앞에 30~50센티미터의 거리에 편안한 눈높이에 둔다. 편안하게 앉아서 그것을 바라본다. 컴퓨터 모니터나 스마트폰에 담긴 만다라도 좋다.

1단계: 만다라의 중심을 바라본다

천천히 눈을 감고 호흡에 집중하면서 척추를 세우고 몸에 집중하면서 편안하게 호흡한다. 내면이 고요해지면 천천히 눈을 뜨고 깊은 호흡과 함께 앞에 있는 만다라의 중심을 바라본다. 그 중심은 우주의 시작점이다. 그 중심에 내가 있다고 상상한다. 생각이 멈춰지고 집중된 몰입의 힘으로 마치 만다라의 그림 속으로 쏙 빨려 들어가는 듯 느껴진다. 그러나 빛의 만다라의 세상은 안전한 공간이니 안심하자.

계속 깊은 호흡과 함께 온전한 파동의 만다라 세상에서 함께한다. 눈에 너무 힘을 주지 말고 편안하게 앞에 있는 만다라를 3~5분 정도 바라본다.

2단계: 천천히 눈을 감고 호흡한다

눈을 감으면 조금 전 만다라의 이미지가 머릿속에서 다시 펼쳐지게 된다. 그대로 눈을 감은 채 호흡을 하고 그것을 느끼면서 만다라의 빛이 점점 퍼지면서고 밝아지고 더욱 커지는 것을 느낀다. 호흡은 생명의 흐름이다. 호흡으로 나의 생명을 느끼고 에너지를 흐르게 한다.

3단계: 만다라의 밝은 빛이 가득한 세상을 느낀다

만다라의 따스한 빛이 내 몸과 마음을 구석구석 비추면서 이 세상이 밝음으로 가득 차 있다. 내가 밝아지고, 이 공간이 밝아지고, 이 세상과 우주 전체가 밝아짐을 느낀다. 이렇게 만다라의 빛이 더욱 확장되는 것을 느낀다. 모든 것이 빛이다. 우주 전체에 감사함을 느끼고 이 세상에 감사함을 느끼고 이 생명에 감사함을 느끼면서 천천히 현실로 돌아온다.

일상에서 쉽게 할 수 있는 스트레스 해소법

생활 속에서 이러한 만다라 명상을 규칙적으로 하면 스트레스가 해소되고 내면의 긍정성을 회복하고 삶의 균형을 찾아갈 수 있다. 특히 공부하는 학생이나 스트레스가 많은 직장인들이 꾸준히 했을 때 큰 효과를 보았다고 한다.

짧은 시간 안에 시각 명상을 통해 집중력이 높아지고 부정적 감정이 해소되는 경험을 할 수 있다. 학교에서도 쉬는 시간에 3분 정도 하는 것만으로도 두뇌가 이완되고 인식의 전환에 도움이 된다.

그러나 마이너스 파동을 가진 만다라는 오히려 역효과를 볼 수 있으니 자신에게 잘 맞는 만다라를 선택해야 한다. 빛을 가진 사람이 빛을 안내할 수 있는 것처럼 우주에너지를 가진 한 장의 만다라는 명상의 궁극으로 안내하는 위대한 도구가 될 수 있다.

다음은 내가 그린 만다라들을 소개하고자 한다. 자신의 상황에 맞는 주제들을 찾아 위에 설명한 만다라를 바라보는 명상법을 실제로 해보길 추천한다.

만다라 작품 순서

1. 축복 만다라
2. 생명의 꽃 만다라
3. 메르카바 만다라
4. 사랑 만다라
5. 소원 만다라
6. 집중 만다라
7. 풍요 만다라
8. 메타트론 만다라
9. 빛의 수호
10. 내면의 균형
11. 꿈 만다라
12. 크리스털 만다라
13. 관계 만다라
14. 신성 만다라
15. 힐링 만다라

축복 만다라 (Blessing Mandala)

우주의 빛이 하나의 축복의 에너지장으로 펼쳐지고 있는 만다라입니다. 만다라의 중심에 있는 신성한 우주의 빛이 점차 확장되면서 나의 세상이 축복으로 가득합니다. 우주의 모든 원소의 힘들이 강력한 진동으로 만들어지면서 나의 세상이 환해지면서 축복으로 빛나게 합니다.

생명의 꽃 만다라 (Flower of Life)

만다라의 중심부 6개의 꽃잎은 육각형 다윗의 별(히란야)을 뜻하며 신성한 보호 에너지를 상징합니다. 모든 생명의 기원을 나타내는 생명의 씨앗으로부터 점차 확장되는 우주 에너지의 패턴을 담고 있기에 나의 생명력과 힘을 일깨우는 만다라입니다.

메르카바 만다라 (Merkaba Mandala)

만다라 중심에 있는 메르카바는 다윗의 별의 3차원 형태를 담고 있는 신성한 빛의 전차입니다. 이 만다라는 안전한 우주 에너지의 보호 안에서 자신이 원하는 것을 이룰 수 있는 힘을 전해줍니다. 중심의 힘이 모아져 에너지를 회복하고 자신이 원하는 세상을 만들어 갑니다.

사랑 만다라 (Love Mandala)

만다라 중심에 있는 8개의 우주적인 사랑의 씨앗이 깨어나 그 사랑의 힘이 반복되는 6개의 꽃잎으로 이 세상에 펼쳐집니다. 몸과 가슴, 의식이 깨어나 나의 세상이 축복의 빛으로 가득합니다.

소원 만다라 (Wish Mandala)

우주의 중심에 모여진 강한 힘이 우주적 사랑과 함께 기쁨으로 이 땅 위에 펼쳐집니다. 내가 원하는 나의 세상에 기쁨과 행복의 에너지가 흐르면서 순환하고 아름다운 축복의 세상이 나와 함께 합니다.

집중 만다라 (Focusing Mandala)

만다라 중심의 9개의 동그라미는 내가 원하는 것을 이루는 집중된 힘입니다. 나의 밝은 직관이 깨어나고 사랑의 빛을 이 세상과 나누면서 아름다운 세상에서 살아갑니다.

풍요 만다라 (Abundance Mandala)

6개의 꽃잎을 가진 7개의 동그라미는 7개의 우주로 연결된 완전한 세상입니다. 모든 것들을 이루는 숫자 7은 마법과 행운을 상징하고 있으며 사랑과 열정, 기쁨이 가득한 행복한 세상에서 내가 원하는 풍요를 가져오게 됩니다.

메타트론 만다라 (Metatron Mandala)

중심에 있는 우주의 근원적 힘이 점차 반복되면서 확장되는 만다라입니다. 메타트론은 신의 에너지를 나타낸 기하도형으로 모든 에너지의 균형을 이루도록 합니다. 중심에서 뿜어져 나오는 생명의 빛은 소우주인 나와 대 우주를 연결합니다.

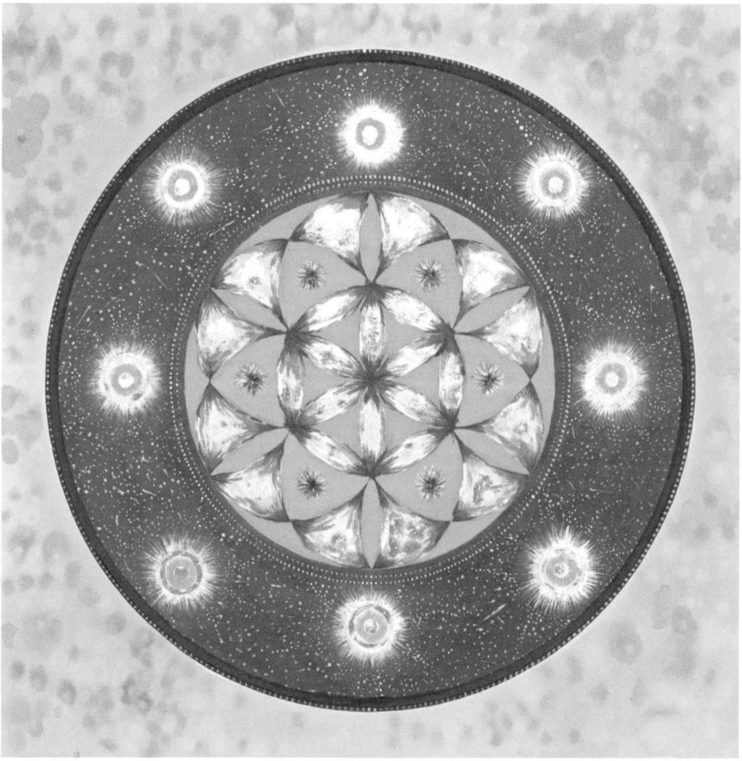

빛의 수호 (Guardian Mandala)

불안감이 사라지고 안정감을 가져오는 만다라로, 내가 어디에 있든지 우주의 빛이 나와 함께하면서 수호합니다. 음양의 세계관을 토대로 한 팔괘가 이 세상을 빛으로 비추고 있습니다. 12개의 꽃잎들은 모든 생명을 수호하고 있습니다. 나의 의식과 무의식의 생명력을 강화시키고 태양계의 힘을 받게 됩니다.

내면의 균형 (Balancing Mandala)

머리가 맑아지고 지혜가 깨어나는 만다라로, 모든 방향의 힘들이 모여져서 나의 지혜가 깨어나는 만다라입니다. 왕실과 귀족의 컬러 보라색은 고귀함을 뜻하고 몸과 마음의 균형으로 내가 원하는 세상이 펼쳐집니다.

꿈 만다라 (Dream Mandala)

중심에 있는 8개 꿈의 씨앗이 꽃으로 피어나 향기를 내면서 이 세상과 함께합니다. 이 세상 속에서 내가 원하는 꿈들이 펼쳐지면서 내가 밝아지고 세상이 밝아집니다.

크리스털 만다라 (Crystal Mandala)

우주와 공명하는 지구의 순수 에너지 크리스털은 우리의 몸과 마음, 영혼을 치유합니다.
나의 세상이 크리스털의 순수한 빛으로 밝아지고 내 삶이 보석처럼 반짝입니다.

관계 만다라 (Linked energy Mandala)

4원소 불, 흙, 물, 공기로부터 우주 만물이 태어나 성장하고 있습니다. 우주의 모든 존재들은 모두 서로 서로가 연결되어 나를 지키고 보호하고 있습니다. 이렇게 연결된 세상 안에서 나는 사랑으로 존재합니다.

신성 만다라 (Divine Mandala)

나의 내면의 신성한 힘들이 깨어나 나의 지혜가 열리고 있습니다. 나는 신성의 흐름이 연결된 순수한 빛의 통로이며 매 순간 깨어있는 의식으로 신성과 함께 하고 있습니다. 나는 내 세상의 주인으로서 왕권을 회복하고 내가 원하는 것을 선택하는 주인으로 살아갑니다.

힐링 만다라 (Healing Mandala)

자신에 대한 온전한 사랑을 회복하여 내 몸과 마음이 조화와 균형을 회복합니다. 음과 양이 조화된 온전한 균형으로 생명 에너지가 활성화되고 몸과 마음이 건강하고 삶이 즐거움으로 펼쳐집니다.

PART 2

삶 속에서 실천하는 만다라 명상

1장

자신의 참모습을 찾아주는 만다라 명상법

PART 2에서 소개하는 '마음꽃만다라명상'은 꽃, 보석, 모래, 씨앗, 야채, 과일 등 지구의 대표적인 생명 에너지를 가진 재료들로 자신의 마음 세상을 펼치면서 무의식을 빠른 시간에 재정렬하여 온전한 자아를 회복하는 명상프로그램이다. 모든 물질의 기본은 파동의 형태이며 진동하는 에너지이다. 현대 과학은 보이지 않는 치유의 원리들을 과학적으로 증명하고 있다. 우리의 감정에 따라서 뇌파가 다른 것처럼 감정뿐 아니라 몸의 기관들도 각각 고유한 파동을 가지고 있다. 우리가 삶에서 겪는 여러 가지 외부의 자극들은 몸과 마음의 파동에 영향을 미치고 정신적 충격들을 통해 고유한 파동이 깨지는 부조화를 겪고 있다. 만다라 명상은 이러한 불균형의 파동을 원래 자신이 가지고 있는 온전한 파동으로 재정렬하도록 해준다. 우리는 아이들에게 '너는 행복해'라고 말한다. 그런데 우리의 이성과 논리로 '행복'을 가르칠 수 없다. 행복은 마음으로 느끼고 몸의 감각으로 느끼는 것이기 때문이다. 이러한 행복과 축복의 파동을 경험한 사람이 행복하게 살 수 있고 축복을 기꺼이 받아들일 수 있다. 혼자 하는 만다라 명상과 여러 사람들과 함께 만다라 명상을 할 때도 같은 방법으로 진행한다.

신의 축복,
꽃 만다라 명상

꽃 만다라 명상은 꽃이 주는 사랑의 파동을 몸과 마음으로 경험하고 이를 자신의 세상과 연결하여 내면의 사랑을 회복하는 명상 프로그램이다.

| 꽃 만다라 명상의 효과 |

* 생명 에너지를 가진 꽃의 파동으로 내면의 불균형을 치유합니다.
* 빠른 시간에 스트레스 해소와 심리적 안정감을 줍니다.
* 예술 명상을 통해 무의식과 의식의 균형을 맞춥니다.
* 꽃의 생명 파동은 몸과 마음을 빠르게 회복시킵니다.
* 오감을 자극해 예술 감수성과 창의력이 향상됩니다.
* 자연과 우주와의 일체감을 경험해 무한한 충만감을 느낍니다.
* 에너지가 정화되고 몸과 마음이 개운해집니다.
* 내면의 아름다움을 발견하고 생명의 존엄성을 인식하도록 합니다.

나에게 선물하는 '최고의 아름다운 순간'

꽃은 신의 선물이자 축복이다. 꽃은 인간이 신을 향해서 기도하도록 마음을 열게 한다. 시대와 종교를 초월해서 교회나 사찰 등 신성한 장소는 정성스런 마음으로 꽃들이 봉헌되고 있다.

누구에게나 꽃을 받거나 선물한 기억이 있을 것이다. 꽃처럼 아름다운 서로에게 꽃을 건네면서 사랑과 감사의 마음을 표현한다. 꽃의 향기를 맡으면서 저절로 행복한 미소가 지어지고 꽃을 보고 아름다움을 느끼는 것은 각자의 마음 안에 꽃 같은 아름다움이 있기 때문이다. '사람이 꽃보다 아름답다'고 노래하듯, 사람들은 꽃을 통해 최고의 찬사를 나눈다.

인도에서 지낼 때 인도 사람들은 처음 만난 사람에게 꽃 목걸이를 걸어주면서 서로 환영 인사를 하고 부유하든 가난하든 일상 속에서 항상 꽃과 함께 생활하는 것을 봤다. 또 여인들은 꽃으로 자신을 가꾸고 장식하며, 어느 미망인 축제에서는 꽃을 뿌리면서 자신의 한을 풀어내기도 한다. 꽃을 통해 남편을 잃은 슬픔을 치유하고 다시 생명 에너지를 회복하는 것이다. 이렇게 꽃은 사랑과 생명 에너지를 가지고 있다. 꽃은 중심에서부터 생명 에너지가 펼쳐지는 가장 완벽한 만다라 형태로, 신을 향해, 또 세상을 향해 마음을 열게 하는 특별한 힘이 있다.

꽃 만다라 명상은 각기 고유한 파동을 지닌 다양한 컬러와 종류의 꽃들로 자신의 세상을 만들면서 자신이 꽃처럼 아름답고 축복된 존재임을 경험하게 된다. 꽃이 가진 축복의 진동과 생명 에너지가 내 몸과 마음의 진동체에 영향을 주어 나의 세포들이 생명력을 가지고 살아나는 것이다.

이 축복의 명상에서 '내가 꽃처럼 아름답구나, 내가 축복의 존재이구나'를 저절로 깨닫게 되면 이 세상에서도 축복의 존재로 살아가기 시작한다. 내가 꽃이 된다. 꽃의 향기를 들이마시고 내쉬며, 꽃이 되어 걷고, 꽃이 되어 만나고, 꽃이 되어 앉는다. 꽃 만다라의 축복의 진동은 나의 삶을 축복으로 연결하는 매우 특별한 경험이다.

내면의 사랑이 회복되는 꽃의 파동 치유

꽃 만다라를 창조하거나 소멸하는 과정에서 '아, 정말 내가 아름답고 소중한 존재이구나' '내가 바로 꽃이구나!' '내가 정말 축복받은 존재구나'를 저절로 깨닫고 기쁨과 정화의 눈물을 흘리는 분이 많다.

꽃 만다라 명상 모습

만다라 안에서 꽃이 가진 완전한 축복의 파동이 내면의 불균형을 치유하고 우리가 본래 가지고 있던 고유한 파동을 회복하기 때문이다.

이러한 예술적인 명상은 창조적이고 재미있고 아름답기도 하지만, 아프지 않고 가볍게 내면의 마이너스 파동이 풀리는 큰 힘이 있다. 많은 치유 현장에서 내면의 아픔과 상처를 꺼낼 때 두려움과 함께 격한 감정이 올라오는 경우가 많다. 그러나 만다라의 공간은 안전하고 보호된 공간이기에 정화된 아름다움과 부드러운 풀림이 있고, 내면의 긍정적 파동을 강화시켜 그림자 파동을 치유하는 강력한 효과가 있다. 또 여러 명이 함께하는 작업 과정에서는 치유와 회복의 파동들이 더욱 강력해지면서 짧은 시간 내에 강력하게 내면의 파동을 재정렬하고 내면의 긍정성과 아름다움을 회복하는 위대한 힘이 있다.

• • •

준비 오늘 명상에 사용할 꽃을 고를 때 지금 이 순간 내가 마음에서 끌리는 것을 고른다. 다양한 색의 꽃들을 풍성하게 준비해도 좋지만 몇 송이만으로도 충분하다. 가져온 꽃들을 소중하게 여기면서 정성을 담아 정갈하게 준비한다. 여러 종류의 꽃들이 많을 경우는 여러 개의 접시를 준비해서 종류별 또는 색깔별로 분류한다. 명상을 시작할 공간을 정화하고 자신에게 맞는 고요한 명상 음악을 틀어놓는다. 둥근 흰 종이 또는 흰 쟁반을 준비하는데 지름 40센티미터 정도의 넉넉한 크기로 준비한다. 접시나 쟁반을 준비된 종이 위에 놓고 연필로 동그라미를 따라 그리면 편하다.

1단계 서클 명상

2단계 빈두 명상

1단계: 서클 명상(3~5분)

고요한 마음으로 잠시 둥근 원을 바라보면서 가장 안정된 파동인 원의 에너지를 느끼며 천천히 눈을 감는다. 내 앞의 텅 빈 원이 본래 순수한 나의 마음 세상이다. 숨을 들이마시고 내쉬면서 어머니의 자궁 안처럼 따스한 원 안에서 보호받고 안정된 느낌을 느껴본다. 우리가 하나의 둥근 세포에서 만들어진 것처럼 서클 명상은 우리의 온전함이 살아나게 한다. 그리고 이 무한한 원의 중심에, 내가 세상의 중심에 앉아 있다고 상상한다. 그리고 이때 나에게 느껴지는 감각이나 생각들을 있는 그대로 바라본다. 생각이 올라오면 '아, 생각이 올라오는구나'라고 있는 그대로 바라본다. 그리고 천천히 눈을 뜨고 지금 여기로 돌아온다.

2단계: 빈두 명상(3~5분)

중심을 뜻하는 빈두 명상은 자신의 중심을 세우는 명상이다. 나의

3단계 꽃만다라 창조 1

3단계 꽃만다라 창조 2

생각의 중심, 마음의 중심, 몸의 중심, 영혼의 중심이다. 지금 현재의 자신을 닮은 꽃 한 송이를 골라 가지고 와서 원의 중심에 놓는다. 천천히 눈을 감고 꽃이 된 나를 느낀다. 만다라 원의 중심에 내가 있다. 세상의 중심에 내가 있다. 내가 우주의 중심에 아름다운 한 송이 꽃으로 앉아 있다. 그 고요한 중심을 느낀다. 이렇게 원의 중심에서 꽃 한 송이로 앉아 있는 나를 바라보고 어떤 느낌이 드는지 알아차리면서 천천히 눈을 뜬다.

3단계: 꽃 만다라 창조의식(20~30분)

만다라의 중심에 꽃으로 앉아 있는 자신을 계속 느끼면서 중심에서부터 시작해서 바깥으로 연결하면서 나의 세상을 꽃으로 만든다. 꽃향기를 들이마시고 내쉬면서 꽃의 호흡을 하고 모든 감각을 깨워서 자신의 움직임 하나하나를 섬세하게 알아차린다. 감각과 느낌을 알아차리고 그것을 있는 그대로 바라볼 때 비로소 치유는 시작된다.

이 꽃들은 나 자신이다. 꽃을 존중하고 나를 존중하는 마음으로 소중히 다루면서 꽃을 바라보고 꽃의 향기를 맡으며 꽃이 손에 닿는 부드러운 감각들을 섬세하게 느낀다. 천천히 호흡하면서 중심을 인식하고 중심과 연결하면서 꽃으로 자신의 세상을 수놓듯이 만다라를 만든다. 내가 '나'라는 생명을 축복하는 시간. 꽃이 된 내가 세상의 중심에 앉아서 꽃으로 세상을 만드는 것이다.

파동의 흐름에 따라 내 몸을 움직이면서 만다라 명상을 하다 보면 생각이 비워지고 무념무상의 상태가 되면서 어느새 시간은 훌쩍 지나간다. 집중된 명상 상태로 움직이면서 오감이 깨어나고 꽃의 긍정적 파동과 생명과 사랑의 에너지로 얼굴은 밝고 훤해진다. 가슴은 충만하고 몸은 날아갈 듯 가벼워지고 내가 있는 공간이 밝아진다. 이때 중요한 것은 내 손과 팔, 몸의 움직임에 집중하면서 깨어 있는 감각으로 그것을 알아차리는 것인데 이때 내면의 깊은 무의식은 치유가 일어난다.

온몸의 세포를 열고 꽃의 진동을 느끼고 꽃을 손으로 만질 때 꽃잎의 부드럽고 촉촉한 그 감각들을 느낀다. 생명 에너지를 가진 꽃의 파동과 내가 하나가 되는 순간이다. 꽃으로 수놓은 만다라 세상이 나를 축복한다고 상상한다. 꽃향기를 들이마시고 내쉬면서 꽃으로 가득한 이 공간을 느끼고 얼굴에 미소를 짓는다. 완성된 만다라를 내 앞에 두고 가만히 바라본다. 그리고 이 만다라가 목소리가 있다면 나에게 어떤 이야기를 하는지 고요한 마음으로 들어본다.

4단계 자기 축복 명상 세션

4단계: 자기 축복 명상 세션(자신의 만다라를 바라보면서 읽는다)

나는 꽃입니다. 나는 사랑의 존재입니다. 꽃은 축복이고, 생명이고, 사랑입니다. 근원적 씨앗으로 태어난 내가 지금 여기에서 아름다운 꽃으로 피어나고 있습니다. 이 꽃과 함께 나의 삶이 피어나고 있습니다. 내 삶이 사랑으로 빛나고 있습니다. 내 삶이 아름다움으로 빛나고 있습니다. 내가 얼마나 아름다운 존재인지, 내가 얼마나 위대한 존재인지, 내가 얼마나 축복된 존재인지 그것을 이 꽃과 함께 느껴봅니다.

나는 이 축복의 순간, 이 축복의 움직임, 이 축복의 파동을 기억하고 이 축복의 노래를 기억합니다. 신의 선물인 이 지구에서 가장 아름다운 꽃으로 나의 세상을 축복합니다. 이 꽃들은 '나'라는 존재의 신에게 바치는 예물입니다. 내가 나를 축복하는 순간 이 세상은 나를 축복합니다. 이 축복의 순간 내가 축복의 주인임을 느낍니다. 나는 신의 자리에 앉아 이 축복을 창조하였고 나를 중심으로 이 축복이 확장되고 나의 세상은 축복으로 가득합니다.

나는 신의 선물인 이 꽃들을 받아들입니다. 천천히 호흡하면서 축복을 들이마시고 축복을 내쉽니다. 나의 세포들이 축복으로 깨어납니다. 깊은 숨결을 통해 내 안의 세포가 열리고 깨어나고 정화됩니다. 내가 얼마나 위대한 존재인지 나는 그것을 알고 있습니다. 우주의 축복 속에서 내가 빛나고 있습니다. 나는 온전한 존재입니다. 나는 사랑의 존재입니다. 나는 축복의 존재입니다. 이 지구의 삶은 내가 이 축복을 경험하기 위해 선택한 것입니다. 나는 꽃의 주인입니다. 나는 이 삶을 선택했고 이 삶은 나에게 내가 원하는 축복을 선물합니다. 존재의 위대함을 느끼고 아름다운 생명의 힘을 느낍니다.

이 빛나는 생명들이 나를 위해 존재합니다. 잠시 그대로 그 느낌을 느끼고 그것을 받아들입니다. 이 꽃이 나를 향해 사랑의 진동을 보내고 있습니다. 나는 생명 에너지입니다. 나는 사랑 에너지입니다. 나는 축복의 존재입니다. 나는 이 아름다운 생명의 축복을 받아들입니다. 내 몸과 마음 그리고 내 영혼이 이 빛나는 축복의 파동을 받아들입니다. 내가 나를 축복합니다. 내가 세상을 축복합니다. 세상이 나를 축복합니다.

5단계: 만다라 소멸의식

축복 세션을 통해서 꽃의 축복 파동을 내 몸과 마음으로 느끼고 받아들였다면 이제 이 아름다운 세상을 미련 없이 소멸할 시간이다.

조금 전까지 공을 들여서 정성스럽게 만든 나의 꽃 만다라를 소멸할 생각에 아쉬움과 슬픔 등 저항하는 마음이 올라올 수 있다. 그러나 그 마음조차 있는 그대로 바라보자.

5단계 만다라 소멸의식

내가 만든 꽃 만다라를 원 가장자리부터 중심을 향해 천천히 두 손으로 쓸어모은다. 정성스럽게 펼친 나의 세상을 소멸하는 이 순간이 바로 만다라의 핵심이다. 이때 수많은 생각과 감정들이 교차하는데 나의 두 손과 몸에서 느껴지는 감각들 그리고 여러 감정들을 있는 그대로 알아차린다. 자, 이제 둥근 원의 가운데 수북하게 쌓여 있는 꽃잎들을 바라보라. 한바탕 축제가 끝나고 원래부터 텅 비어 있던 근원의 자리로 돌아갔다.

색즉시공 공즉시색(色卽是空, 空卽是色). 모든 것들은 본래 아무것도 없지만 모든 것들이 존재하는 것처럼 모든 것이 이처럼 공하다. 이 광대한 우주에서 우리가 서로 다른 만다라로 지구에서 만나 함께 어우러지면서 만다라 꽃밭을 만들다가 언젠가는 본래 온 자리로 돌아간다.

이것은 우주의 창조와 소멸의 순환이다. 꽃 만다라는 사라졌지만

6단계 꽃뿌리기 1

6단계 꽃뿌리기 2

소멸된 텅 빈 그 자리는 축복의 파동으로 가득하다. 형상은 사라졌지만 나의 세상에는 축복 에너지가 그대로 남아있는 것이다. 소멸의식을 마친 꽃잎들은 근처 강에 흘려보내거나 화단에 뿌리거나 아니면 잘 말려서 투명한 유리병에 담아 이 명상 과정에서의 깨달음을 기념해도 좋다.

6단계: 꽃이 되어 꽃뿌리기

잠시 순수한 어린아이가 되어 흩어진 꽃들을 뿌리면서 꽃의 파동과 하나되어 놀아보자. 함께 하는 사람들이 있다면 더 감격스러울 것이다. 이 꽃들을 나에게 바친다. 이 아름다운 축복을 나에게 선물한다. 이 아름다운 꽃들을 세상과 함께 나눈다. 내가 꽃이 되고 이 세상이 꽃세상이 된다. 시든 꽃에 물을 주는 것처럼 그렇게 내가 아름답게 피어나 꽃이 된다. 내가 이 세상을 위해 무엇인가 공헌하는 것은 어려운 일이 아니다. 이렇게 내 마음이 꽃피면 나와 연결된 사람들에게 아름다운 향기가 나누어지고 이 세상이 아름답게 빛나는 것이다. 나도 모르게 눈물이 줄줄 흘러내리고 '감사합니다. 사랑합니다. 축복합니다'가 저절로 나오고 가슴에서 무언가 씻겨 내려가는 개운한 느낌이 들 것이다. 꽃의 파동이 무의식의 억압된 그림자를 흘러가게 한다.

이렇게 만다라 안에서 펼쳐지는 꽃의 생명 파동은 우리의 억압된 무의식의 그림자들을 보다 쉽고 안전하게 흘러가도록 하는 위대한 힘이 있다.

해외 명상 코스(태국 코사무이)

땅의 에너지,
모래 만다라 명상

모래 만다라 명상은 지구의 근원적 에너지를 자신의 세상과 연결하여 근원의 지지와 사랑을 받아 근원의 단단한 힘을 회복하는 명상 프로그램이다.

| 모래 만다라 명상의 효과 |

* 지구 에너지와 연결되어 불안감이 사라지고 심리적 안정을 가져옵니다.
* 빠른 시간에 불균형의 파동을 온전한 파동으로 재정렬합니다.
* 몸과 마음이 고요해지고 내면의 부정성이 사라집니다.
* 생각이 비워지고 집중된 상태로 머리가 맑아집니다.
* 내가 땅, 지구, 우주와 하나가 되는 경험을 합니다.
* 고요한 마음의 중심 안에 현존하게 되고 지구의 사랑을 느끼게 됩니다.
* 에너지가 정화되고 몸과 마음이 개운해집니다.
* 고유한 주파수를 지닌 컬러들이 내면의 파동을 정렬합니다.

지구의 숨결을 느끼는 시간

'흙에서 나고 흙으로 돌아간다'라는 말처럼 땅은 모든 생명의 어머니이고 흙은 우주 만물을 만드는 원소 중 하나이다. 우리는 언제나 지구의 땅을 밟고 살아가고, 땅에서 자란 생명을 먹으며 살아간다. 모래 만다라 명상은 형형색색의 모래들로 지구 숨결을 느끼는 명상이다. 땅과 연결하여 지구의 생명 에너지를 느끼고 내가 모든 생명과 연결되어 있다는 따뜻한 연결감을 느낄 수 있다. 이렇게 우리는 땅을 받아들일 때 자신의 삶을 받아들이게 되고, 지구의 근원적 지지를 받게 된다.

다양한 컬러의 색 모래를 바라본 순간, 그 빛나는 색에 매료되면서 지구의 아름다움과 사랑을 느끼게 된다. 나의 손끝으로 지구의 부드러운 촉감을 느끼며 컬러 테라피가 시작된다. 고요한 집중 상태에서 몸을 움직이면서 만다라를 만들면, 각기 고유한 파동을 가진 컬러 에너지들은 내 안의 불균형의 파동을 정렬시킨다.

색채와 도형을 이용한 에너지 정렬은 동서양 종교나 신성한 의식에 사용되어왔다. 수개월에 걸쳐 만들어지는 티베트의 모래 만다라는 깨달음의 세계를 향한 수행의 도구로 티베트 불교의 정수이다. 여러 명의 승려들이 엎드려서 그룹 작업으로 진행하는데 먼저 깨끗한 밑판에 다차원의 우주를 설계하듯 밑그림을 그리고, 그 위에 가늘고 미세한 색 모래알을 얹힌다. 이때 세심한 움직임과 함께 고도의 집중이 필요하다.

한 호흡을 놓치는 찰나에 모래알이 흩어지고 서로 다른 컬러들이 섞이기 때문에 자신의 호흡을 조절하면서 마음이 하나로 모아진 순수한 집중 상태인 삼매(三昧)를 경험하게 된다. 오직 지금 이 순간 만다라를 만드는 순간에 현존하면서 소우주인 내가 전체 우주와 하나가 되는 합일의 순간을 경험한다. 호흡이란 생명의 흐름이고 깊은 명상으로 들어가는 문이다.

호흡으로 나의 생명을 느끼며 미세한 모래를 다루는 깨어 있는 움직임으로 어느덧 몸과 마음은 고요해진다. 이러한 만다라의 창조적 예술 명상은 어떤 종교를 떠나 지극한 평화의 영적 차원으로 우리를 안내한다.

우주를 담은 파동 그림, 만다라

모래 만다라는 깨달음의 길을 찾았던 티베트 불교의 전통적인 수행 도구이다. 여러 수행승들이 함께 긴 자와 컴퍼스 등으로 밑그림을 그리는 모습은 마치 우주를 설계하는 것처럼 보인다. 우주의 원리가 담긴 기하학적인 도형 위에 색색의 미세한 모래알을 올리는 과정에서 마음을 모아 호흡을 조절하면서 균형을 잃은 몸과 마음의 파동은 온전한 파동으로 정렬되어간다.

만다라 명상을 마치고 나면 얼굴이 밝아지고 몸과 마음이 개운해지고 가벼워진다. 융이 '만다라는 개별화 과정의 이미지'라고 말한 것처럼 만다라는 빠른 시간 안에 무의식의 부정적 패턴에서 빠져나와 내면의 긍정성을 회복하고 자신의 참모습을 회복하도록 안내한다. 둥근 만다라 안에서 단단하게 중심을 잡고 그 고요한 중심의 힘으로 자신의 세상을 펼치는 원심력과 다시 중심을 향해 모이는 구심력이 반복되면서 무의식은 조화와 균형을 다시 회복하게 된다. 에너지의 확장과 몰입이 반복되면서 본래의 자리를 찾는 것이다.

만다라 명상 과정에서 내 몸의 감각과 올라오는 감정, 떠오르는 생각, 통찰의 네 가지 레벨을 알아차리면서 그것이 긍정이든 부정이든 바라보고 떨어져 나오는 과정이 묶여 있던 에너지의 풀림과 치유의 과정이다.

• • •

준비 공간을 정화하고 고요한 명상 음악과 둥근 흰 종이 또는 지름 40센티미터 정도의 흰 쟁반을 준비한다. 7~12종류 이상의 색 모래(또는 색 자갈)를 정성스럽게 준비하고 색 모래를 담을 빈 용기를 준비한다.

1단계 서클 명상

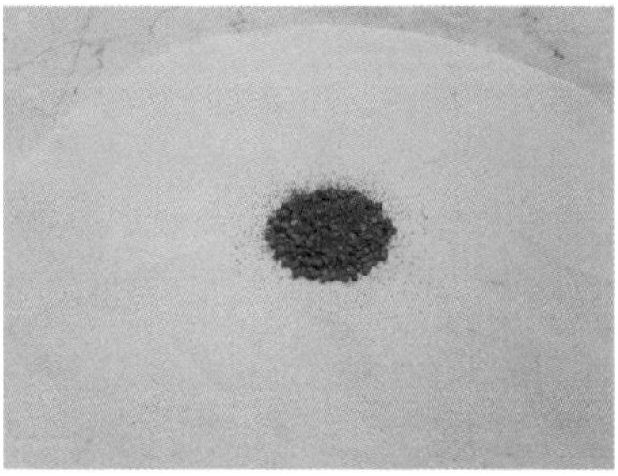

2단계 빈두 명상

1단계: 서클 명상(3~5분)

내 앞에 놓인 둥근 원을 고요한 마음으로 잠시 바라보고 천천히 눈을 감는다. 내 앞의 둥근 원은 순수한 나의 마음 세상이다. 숨을 들이마시고 내쉬면서 따뜻하게 보호받고 있는 나의 둥근 세상을 느껴본다. 그리고 그 중심에 내가 앉아 있다고 상상한다. 둥근 원을 점점 확장하면서 세상의 중심에, 우주의 중심에 내가 앉아 있다고 상상한다. 이때 나에게 느껴지는 감각이나 생각들을 있는 그대로 바라본다. 그리고 천천히 눈을 뜨고 지금 여기로 돌아온다.

2단계: 빈두 명상(3~5분)

내 앞에 있는 지구 에너지가 담긴 색 모래(또는 색 자갈) 중에서 나라고 생각되는 색 모래를 선택한다. 이 때 너무 오래 생각하면 고르기 어려울 수 있다. 첫 번째 떠오른 것을 고르고 내가 원하는 양만큼을 둥근 원 중심에 놓는다. 둥근 원 중심에 놓인 색 모래를 잠시 바라

3단계 모래 만다라 창조 1

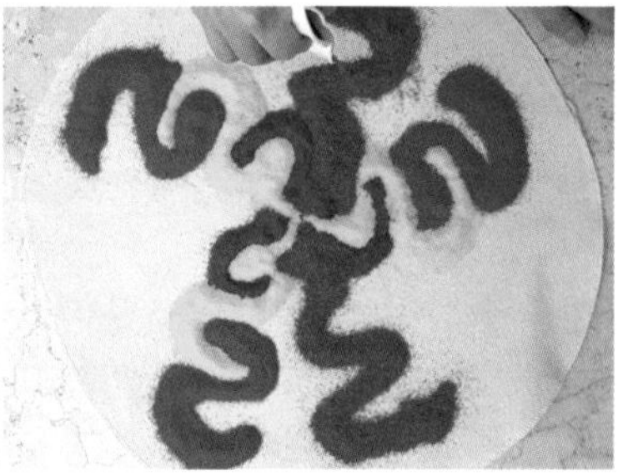

3단계 모래 만다라 창조 2

보면서 어떤 느낌인지 있는 그대로 느껴본다. 이렇게 지구의 중심에 있는 나를 바라보고 지구 에너지와 연결한다. 고요하고 단단한 중심의 힘을 느껴보고 지구와 연결되어 지구의 지지를 받은 단단한 자신을 느껴본다.

3단계: 모래 만다라 창조의식(20~30분)

둥근 원의 고요한 중심과 함께하면서 중심에서부터 바깥을 향해 연결하면서 자신의 세상을 만들어간다. 내 삶의 다양한 색깔들이 바로 이 모래들이고 이 모래 한 알 한 알이 나 자신이며 내 삶이다. 내 삶을 이 모래들에 담는 것이다. 따라서 내 삶을 존중하는 마음으로 한 알 한 알을 소중히 다룬다. 나의 모든 감각을 열어 놓고 움직이는 동작 하나하나를 섬세하게 알아차린다. 땅의 에너지가 담긴 색 모래로 만다라를 만들면서 어머니 지구의 강렬한 생명력과 큰 사랑에 저절로 경외심과 감사가 느껴진다. 손끝에서 가는 모래가 닿은 그 감

3단계 모래 만다라 창조 3

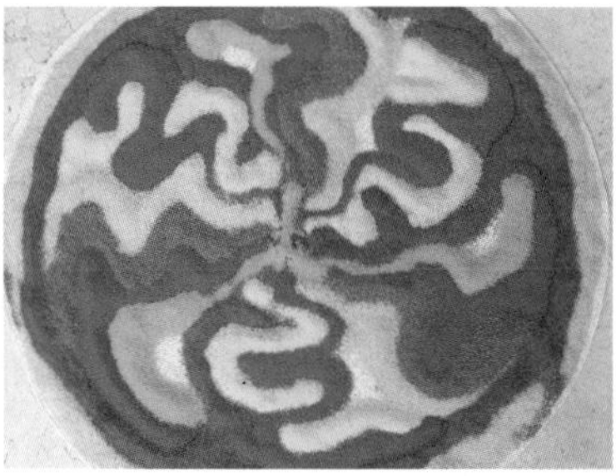

3단계 모래 만다라 창조 4

각에 집중하면서 내 손끝에서 내가 선택한 색 모래가 줄줄 흘러나온다고 상상하면서 그저 내 손의 흐름에 맡긴다.

색채는 인간의 감정과 심리 상태와 밀접한 관련이 있기에 색을 사용하는 과정에서 많은 감정들이 올라온다. 내가 움직일 때 내 몸과 마음에서 어떤 것들이 올라오는지 객관화하여 바라본다. 이것들을 옳고 그름으로 판단하기보다 있는 그대로 바라보고 존중할 때 거기에서 떨어져 나올 수 있다. 내 손이 움직여지는 대로 움직이면 에너지의 정렬이 일어난다. 어느 순간 손이 저절로 멈출 때 만다라는 완성된다. 이것을 내 앞에 두고 가만히 바라본다. 그리고 이 만다라가 목소리가 있다면 나에게 어떤 이야기를 할지 내면의 목소리를 들어본다.

4단계: 자기 축복 명상 세션(자신의 만다라를 바라보면서 읽는다)

나의 세상이 형형색색의 모래알로 펼쳐졌습니다. 이 모래 만다라

4단계 자기 축복 명상 세션

는 내가 만든 나의 삶입니다. 이 수많은 모래 한 알 한 알은 나의 인생입니다. 한 알의 모래에 우주가 있고, 한 알의 모래에 지구가 있습니다. 그리고 한 알의 모래에 내가 있습니다. 내가 한 줌의 재가 되는 것처럼 나의 수많은 삶들이 이 모래에 녹아 있습니다.

내가 만든 나의 기쁨도 아름답고, 내가 만든 나의 슬픔도 아름답고, 내가 만든 나의 아픔도 아름답습니다. 이렇듯 내가 만든 이 세상에서는 그 어떤 것이든지 맞는 것과 틀린 것, 옳고 그름이 없습니다. 그저 삶이란 경험만이 존재할 뿐입니다. 이 세상에서 내가 만든 모든 것이 사랑입니다.

내가 사랑하기에 화가 났고 사랑하기에 두려웠던 것입니다. 자신을 사랑하든 타인을 사랑하든 그 모든 것이 사랑이었습니다. 나의 세상인 이 모래 만다라가 나를 축복하고 있습니다. 나는 그 축복을 받아들입니다. 나의 세상이 나에게 사랑을 보냅니다. 나는 그 사랑을 받아들입니다. 나의 삶이 축복으로, 사랑으로 빛나고 있습니다.

5단계 만다라 소멸의식 1

5단계 만다라 소멸의식 2

5단계 : 만다라 소멸의식

만들어진 모든 것들은 원래 왔던 자리로 돌아간다. 나의 세상이 지구의 생명 에너지와 축복으로 채워졌고, 이제 내가 만든 세상을 소멸시키고 새로운 창조의 자리인 공(空)의 자리를 체험하는 시간이다. 잠시 내가 만든 세상인 만다라를 바라보고 숨을 들이마시고 내쉬면서 고요한 마음으로 돌아온다.

수많은 모래알 하나하나 정성을 다해 만든 나의 세상을 소멸하려고 할 때 여러 가지 생각과 감정들이 올라온다. 안타깝거나 놓고 싶지 않은 마음 등이 올라오면 '아, 내 마음이 지금 그러하구나'라고 알아차린다. 모래알이 닿는 손의 감각을 느끼면서 천천히 바깥에서부터 안으로 소멸을 시작한다. 우주의 질서가 그러하듯 모든 것은 변화하고 순환한다.

그러나 그 모든 순간도 아름답지 않은 것이 없다. 사랑도 아름답고, 슬픔도 아름답고, 아픔도 그러하다. 소멸은 내가 경험한 것들이 지나가는 것이다. 내가 아픔을 경험했다면 그것이 지나가고 새로운

5단계 만다라 소멸의식 3

세상이 펼쳐진다. 둥근 원 가운데 수북이 쌓여 있는 모래알들을 바라보라. 보석처럼 빛나고 있다. 그리고 소멸된 텅 빈 그 자리는 축복이 가득하다. 그 충만감을 느껴본다. 나의 세상의 주인은 나 자신이다. 이 새로운 텅 빈 세상에서 나는 다시 어떤 세상을 재창조할 것인가. 세상을 만든 것도, 그것을 소멸한 것도 나이기에 이제 다시 내가 원하는 새로운 세상을 재창조할 수 있다.

티베트에서 모래 만다라 의식을 마친 모래를 흐르는 강물에 흘려보내어 세상에 공덕을 나누는 것처럼 이 모래들을 흐르는 강물에 뿌려도 좋다. 또는 화단에 뿌려놓거나 깨끗한 투명 유리병에 담아 오늘의 특별한 의식을 기념해도 좋다.

어릴 적 나에게 기쁨을
선물하는 과자 만다라 명상

과자 만다라 명상은 행복한 먹거리 과자를 통해 기쁨과 행복의 파동을 경험하고 그것을 자신의 세상과 연결하여 행복한 세상에 살게 되는 명상 프로그램이다.

| 과자 만다라 명상의 효과 |

* 알록달록 새콤달콤한 과자를 통해 오감을 자극하고 내면 아이가 치유됩니다.
* 스트레스를 해소하며 자존감을 향상시킵니다.
* 무의식의 억압된 감정과 부정성을 해소합니다.
* 내면의 긍정성을 회복하고 심리적 안정감을 가져옵니다.
* 오감체험을 통한 집중력과 창조성을 향상시킵니다.
* 내면의 부정성이 사라지면서 내적 자아와 균형을 이루게 합니다.
* 감성예술 활동을 통해 내적 중심을 회복시킵니다.

어린 시절 기쁨의 세상

어린 시절《헨젤과 그레텔》의 과자로 만든 집을 보면서 '우리 집이 저렇게 맛있는 과자집이라면 얼마나 달콤하고 행복할까'를 상상했다. 만화 속의 사탕과 초콜릿 공장을 보면서도 판타지를 꿈꾸었다. 알록달록하고 새콤달콤한 과자는 이렇게 아이들에게 상상만으로도 입에 침이 가득 고이면서 기쁨과 행복으로 가득 차게 한다.

과자 만다라 명상은 아이들도 좋아하지만 의외로 어른들도 좋아한다. 풍요로운 오늘날에는 과자가 넘쳐나지만 간식거리가 그리 많지 않았던 이전만 해도 과자는 아이에게 소중한 보물이었고, 이를 통해서 많은 감정들을 경험했다. 형제가 많아 과자를 놓고 권력다툼을 했거나, 형에게 번번이 억울하게 빼앗겼거나, 동생에게 늘 양보를 해야 했거나, 친구가 먹는 것을 침을 꼴딱 넘기면서 바라만 봐야 했다. 이렇게 우리는 과자에 대한 달콤하지만 씁쓸한 추억들과 그로 인한 마음의 상처들이 있다.

과자 만다라 명상은 어린 시절의 자신으로 돌아가서 설레는 마음으로 과자 세상과 초콜릿 왕국을 만들면서 그 시절의 부족감을 채우고 내면의 아이를 치유하는 명상이다.

나의 어린 시절 상상 속의 기쁨이 실현되면서 가슴속의 상처가 치유되고 기쁨의 눈물을 흘리게 된다. 신나고 즐거운 동요와 함께 어린아이가 되어 기쁘고 즐거운 마음으로 몸을 흔들면서 자신의 과자 세상을 만든다. 참여한 성인들은 일곱 살 아이가 되어 머리를 고무줄로 묶고 깔깔대고 깡충깡충 뛰면서 자신의 '꿈의 과자 세상'을 만든다. 이를 통해 어릴 적 상처들이 치유되고 부족감이 채워지고 자존감이 회복되는 등 기대 이상의 심리치료와 함께 명상적 효과를 경험하게 된다.

어린 시절 꿈의 세상이 이루어지다

어린아이에게 달콤한 과자 한 봉지가 세상의 전부였던 시절이 있었다. 과자 만다라 명상을 하다 보면 다 지나간 과거의 어린 시절임에도 과자와 관련된 아픈 사연들이 참 많다. 더욱이 나처럼 형제가 많은 집은 과자 한 봉지로 전쟁이 일어나기도 한다. 부유하게 자라고 형제가 많지 않은 집안에도 과자에 관한 나름대로의 아픔들이 있었다.

과자 만다라 명상의 가장 큰 특징은 어린 시절 상처받은 내면 아이의 강력한 치유이다. 어린 시절로 돌아가 상상 속의 과자 세상을 신

이 세상은 기쁘고 즐거운 곳이다.

어릴 적 내면 아이가 치유되다.

나고 재미있게 마음껏 만들면서 어느새 상처가 치유되고 기쁨의 눈물을 흘리기도 한다. 어린 시절의 소중한 나에게 상상 속의 기쁨이 실현이 되고 무한한 가능성이 실현되는 세상을 선물한다. 지금 여기가 기쁨이고 축복이라는 것을 나의 몸과 마음, 영혼으로 경험하게 된다.

과자 만다라 명상을 경험한 성인들 중에서 이전처럼 과자를 많이 먹지 않게 되었다고 이야기하는 사람들이 있다. 어린 시절의 부족감이 과자를 통해서 이미 채워졌기 때문에 가능한 일이다. 과자는 행복한 먹거리이다. 내가 음식을 먹는 행위는 이 세상을 받아들이는 것이다. 따라서 행복하게 음식을 먹으면 그것이 우리에게 사랑으로 저장된다.

• • •

준비 음악은 신나는 동요를 준비한다. 둥근 흰 종이 또는 흰 쟁반(지름 40센티미터 정도), 알록달록한 다양한 색깔과 모양, 다양한 종류의 과자들을 준비한다. 7~12종류 이상의 과자를 각각의 접시에 담아 정성껏 준비하는데, 다양하고 풍성하게 준비하여 부족감을 경험하지 않도록 한다.

1단계 서클 명상

2단계 빈두 명상

1단계: 서클 명상(3~5분)

둥근 원을 앞에 놓고 고요한 마음으로 잠시 바라보고 천천히 눈을 감는다. 작은 내가 커다란 원의 중심에 앉아 있다. 텅 빈 우주의 중심에 내가 있다. 그 중심에 앉아서 둥근 나의 세상을 바라본다. 숨을 들이마시고 내쉬면서 호흡을 통해서 에너지가 흘러가도록 한다. 가슴의 느낌과 몸의 느낌을 있는 그대로 바라본다.

2단계: 빈두 명상(3~5분)

천천히 눈을 뜨고 내 앞에 있는 형형색색의 다양한 과자들을 바라본다. 아름다운 세상 속에 기쁨과 축복의 과자들이 내 앞에 가지런히 놓여 있다. 달콤새콤한 향기가 가득한 공간을 느끼고 앞에 놓여 있는 과자들 중에서 나라고 생각되는 과자 하나, 즉 나를 대신하는 과자 하나를 골라 둥근 원의 중심에 놓는다. 그리고 그것을 바라본다. 아름다운 꿈의 세상. 그 중심에 내가 앉아 있다. 이 꿈의 세상은

3단계 과자 만다라 창조의식 1

3단계 과자 만다라 창조의식 2

무엇이든 가능한 세상이다. 이제 그 중심에 내가 있다. 중심에서 나를 느껴본다.

3단계: 과자 만다라 창조의식(20~30분)

마치 실제로 어린아이가 된 것처럼 가볍고 즐거운 동요를 틀어놓고 즐거운 마음으로 몸을 들썩이면서 시작한다. 중심에 놓인 과자에서부터 바깥으로 연결하면서 나만의 과자 세상을 만든다.

어릴 적 나에게 기쁨의 세상, 꿈의 세상, 무엇이든 가능한 상상의 세상을 선물하는 시간이다. 어린아이의 호기심 가득한 눈으로 알록달록 빛나는 과자들을 바라보자. 달콤새콤한 과자의 향기에 입에서는 군침이 돈다. 먹고 싶은 과자가 있으면 주저없이 맛있게 먹으면서 즐거운 마음으로 꿈의 세상을 만든다. 이렇게 자신의 모든 감각을 활용해서 음악의 진동에 따라 기쁨으로 몸을 들썩이면서 움직일 때 기쁨의 진동은 더욱 강화된다. 즐겁고 재미있는 시간이 금세 지나가면서도 무의식의 그림자들이 빠르게 정화되고 긍정성이 회복된다. 이것이 만다라, 창조적인 예술 명상의 특징이다.

자, 이제 완성된 나의 과자 만다라를 앞에 두고 잠시 고요히 바라보자. 그리고 이 만다라가 목소리가 있다면 나에게 어떤 말을 할지 들어보자. 고요한 마음으로 내 가슴 안의 진동을 가만히 느껴본다.

4단계: 자기 축복 명상 세션(자신의 만다라를 바라보면서 읽는다)

내가 기쁨과 설렘으로 나의 과자 세상을 만들었습니다. 내 앞에 있는 이 과자 세상은 나의 세상입니다.

"형제가 많아서 과자 한 봉지를 나눠 먹으면서 항상 아쉬워했지? 여기 있는 거 다 네 거야. 엄마가 밥 먹어야 한다고 과자를 딱 다섯 개만 줘서 그것만 먹어야 했지? 이제 괜찮아, 여기 있는 과자는 계속 먹어도 줄어들지 않아. 다 네 거야. 엄마가 항상 동생에게 양보하라고 하고, 친구한테도 네 것을 뺏겨서 속상했지? 괜찮아. 이제 양보하지 않아도 된단다."

오늘 나는 그 부족하고 아쉬웠던 어린아이에게 넘치는 과자 세상을 선물합니다. 친구나 동생에게 빼앗겼던 경험이 있다면 내가 나에게 이렇게 이야기합니다. '나는 이제 빼앗기는 것이 아니라 내가 나눠주고 싶은 만큼 줄 거야. 그리고 이제 제일 먼저 내가 나에게 줄 거야', '이 과자는 모두 다 내 거야. 걱정하지 마. 먹고 또 먹어도 줄지 않아.' 이렇게 과자의 행복을 느낍니다.

4단계 자기 축복 명상 세션 1

4단계 자기 축복 명상 세션 2

내 세상에 온통 달콤한 사탕과 초콜릿, 과자가 가득 차 있는 것을 상상을 합니다. 달콤한 향기와 함께 과자가 온 세상에 뿌려지는 상상을 합니다. 이 모든 과자들이 나의 내면의 사랑과 기쁨, 축복을 연결합니다. 새콤하고 달콤한 호흡을 하면서 이 아름다운 사랑의 진동을 느낍니다. 몸의 진동이 오면 기쁨을 느끼며 살짝 몸을 흔들어 내 세포들이 이 기쁨의 진동을 기억할 수 있도록 합니다.

그리고 이 아이에게 다시 이야기합니다. '이제 다 네 거야. 정말 다 네 거야. 먹고 또 먹어도 다 네 거야.' 호흡을 하면서 이 진동을 기억합니다. 이 울림을 기억합니다. 이 축복이 나와 영원히 함께한다는 것을 기억합니다.

5단계: 만다라 소멸의식

어린 시절의 행복을 경험하면서 사랑과 감사와 기쁨, 축복으로 나의 만다라 세상을 채웠다. 이제 내가 만든 이 모든 것들을 소멸시키고 텅 빈 공의 자리를 체험하는 시간이다.

잠시 내가 만든 만다라를 바라보고 고요한 마음으로 돌아온다. 자, 이제 천천히 손으로 만다라의 주변부에서 중심을 향해 만다라를 소멸한다. 모든 것들이 사라지고 텅 빈 근원의 자리가 점차 드러난다. 기쁨과 축복으로 가득한 빈자리에서 이제 나는 내가 원하는 세상을 재창조할 수 있다. 이 세상의 주인공은 바로 나다.

한 알 안에 우주가 들어 있는 씨앗 만다라 명상

씨앗 만다라 명상은 우주의 모든 정보가 들어 있는 씨앗으로 자신의 세상을 펼치면서 자신이 온전한 존재임을 알게 되어 자존감이 살아나는 명상 프로그램이다.

| 씨앗 만다라 명상의 효과 |

* 자신이 온전한 존재임을 알게 되어 자존감이 살아납니다.
* 심리적 안정감을 갖게 되고 긍정적인 자아 개념을 형성합니다.
* 고요한 중심을 회복하고 몸과 마음, 의식을 재정렬합니다.
* 통합적 예술 명상을 통해서 긍정성과 창의성을 회복합니다.
* 집중과 몰입을 통한 내면의 중심을 회복합니다.
* 나와 자연, 우주와의 일체감을 경험하고 감사한 마음을 갖게됩니다.
* 다양한 감각을 사용해 예술 감수성과 창의력을 기릅니다.

나는 우주의 대표 씨앗이다

모든 씨앗은 둥근 만다라 구조를 가지고 있다. 이 작은 씨앗 한 알에 우주의 모든 정보들이 다 들어 있다. 그리고 씨앗은 음과 양의 온전한 결합이다. '나'라는 존재 또한 눈에 보이지 않는 아주 작은 정자와 난자의 씨앗이 함께 사랑으로 진동하여 만들어진 위대한 생명인 것이다.

하늘 에너지 '양'과 땅 에너지 '음'이 결합하여 하늘과 땅이 함께 진동하는 빅뱅으로 내가 탄생했다. 이렇게 정자와 난자의 온전한 결합으로 만들어진 '나'라는 존재는 근원적 에너지를 가졌고 우주의 모든 정보들이 들어 있는 대표 씨앗인 것이다.

이 한 알의 씨앗이 만들어지기까지 따뜻한 햇살과 비와 바람, 폭풍과 눈보라가 필요했듯이 '나'라는 씨앗도 그러한 과정을 통해서 지금의 내 모습으로 성장했다. 그리고 나는 매일 이러한 수많은 씨앗들을 먹으며 살아가고 있다. 씨앗을 먹고 배설하고 그것이 다시 땅으로 돌아가서 다시 싹이 트는 커다란 생명의 사이클을 반복하고 있는 것이다. 이렇게 나는 '나'라는 온전한 생명의 씨앗이 되기까지 수많은 지구의 씨앗들의 도움을 받았다. 씨앗 만다라 명상은 온전한 생명체인 작은 씨앗 한 알 한 알로 생명의 씨앗 만다라를 만들면서 자신이 온전한 생명이고 축복의 존재라는 것을 경험하는 위대한 존재적 체험을 하게 된다.

나는 위대한 우주의 설계 속에 있다

씨앗 만다라 명상을 통해서 '나'라는 존재가 하나의 위대한 씨앗이며 내가 얼마나 위대한 생명인지 저절로 알게 된다. 그리고 나 자신에 대한 감사한 마음이 생기면서 어깨가 으쓱해진다. 존재감과 자존감이 다시 살아나는 것이다. 한 알의 씨앗이 완벽하듯이 '나'라는 씨앗도 음양의 결합으로 탄생한 온전한 존재이다. 그리고 이 우주의 위대한 설계 안에서 '나'라는 생명이 존재하고 있다. 소우주인 나는 대우주와 연결되어 내 안에 무한한 우주가 있다는 것을 알게 된다. 씨앗 만다라 명상은 내 안의 위대한 신성과 만나는 명상의 궁극으로 안내한다.

• • •

준비 둥근 흰 종이 또는 지름 40센티미터 정도의 흰 쟁반, 다양한 색깔과 모양의 씨앗 7~12종류 이상을 준비하여 각각의 접시에 정성스럽게 담아놓는다.

1단계 서클 명상

2단계 빈두 명상

1단계: 서클 명상(3~5분)

고요한 마음으로 내 앞에 있는 둥근 원을 바라보고 천천히 눈을 감는다. 커다란 원을 상상해본다. 그 중심에 고요한 내가 앉아 있다. 그 우주의 중심에 내가 있다. 숨을 들이마시고 내쉬면서 그 고요한 중심과 함께한다. 서클 에너지로 나의 온전함이 점차 살아난다.

2단계: 빈두 명상(3~5분)

준비된 씨앗들 중에서 나와 가장 닮은 씨앗 한 알을 골라서 만다라의 중심인 빈두에 초대한다. 그것을 바라보고 천천히 눈을 감고 호흡하면서 나라는 씨앗을 느껴본다. 내가 한 알의 씨앗이다. 나는 우주의 대표 씨앗이다. 생명의 근원인 나의 근원 씨앗을 느껴본다. 생명은 그저 감사이고 사랑이다. 그리고 모든 생명의 탄생에도 이유가 있다. 이 씨앗은 지구의 열매이고 생명의 결실 그리고 창조의 시작이자 결실이다. 부모의 정자와 난자의 씨앗으로부터 만들어진 나는

3단계 씨앗 만다라 창조의식 1

3단계 씨앗 만다라 창조의식 2

우주적 창조의 결과물인 것이다. 모든 생명체가 그러하듯 나라는 생명도 음양의 완벽한 조화를 통해서 만들어졌다. 잠시 나라는 씨앗의 온전함을 느껴본다. 씨앗의 사랑을 느껴보고 씨앗의 따뜻함을 느껴보고 이 씨앗 한 알의 감사함을 느껴보자.

3단계: 씨앗 만다라 창조의식(20~30분)

여기 있는 모든 씨앗 한 알 한 알이 나의 모습이다. 만다라의 고요한 중심을 느끼면서 내가 세상의 중심이 되고 그 중심에서부터 시작하여 씨앗의 세상을 만들어간다. '감사합니다, 감사합니다'라는 말이 저절로 나오게 된다. 손끝으로 만져지는 가볍고 단단한 씨앗의 느낌에 집중하면서 내 몸이 자연스럽게 움직이고 '감사합니다'를 반복하면서 감사의 진동을 강화시킨다.

감사는 빠른 시간 안에 심장의 파동을 가장 안정적으로 만들고 행복을 만나게 하는 우주 최고의 주문이다. '나는 이 생명들에게 감사합니다. 나는 지구에게 감사합니다. 나는 나를 낳아주신 부모님께 감사합니다. 나는 나의 존재에게 감사합니다. 나는 나의 사랑에게 감사합니다. 나는 나의 축복에게 감사합니다. 나는 이 모든 존재에게 감사합니다.' 감사한 마음이 저절로 나와서 복받치는 순간이다.

이 씨앗 한 알이 지금의 모습으로 진화하기까지 수많은 시간과 경험들이 있었듯 '나'라는 씨앗도 지금의 모습이 되기까지 수많은 경험들이 필요했다. 이 한 알의 씨앗이 위대한 것처럼 '나'라는 생명이 참으로 위대하다. 내 앞의 이 씨앗 한 알 한 알이 바로 우주이고 생명이고 '나'이다. 오늘 나는 나의 만다라 세상에 근원의 씨앗을 초대했다.

나의 움직임이 저절로 멈추는 순간 씨앗 만다라가 완성된다. 완성된 씨앗 만다라를 바라보고 이 만다라가 나에게 어떤 이야기를 하는지 가만히 들어보자.

4단계: 자기 축복 명상 세션(자신의 만다라를 바라보면서 읽는다)

만다라 중심에 내가 앉아 있습니다. 내가 하나의 씨앗입니다. 그 고요한 중심에서 씨앗의 따뜻한 사랑을 느껴봅니다. 내 앞에 생명의 씨앗 만다라가 있습니다. 이 씨앗의 세상에서 새로운 생명이 발아되고 있습니다. 그 따뜻하고 부드러운 에너지를 가만히 느껴봅니다. 내 앞에 있는 씨앗 만다라가 나를 축복하고 있습니다. 나는 이렇게 하나의 씨앗으로 잉태되어 그렇게 확장하고 확장하면서 이 삶이라는 선물을 받았습니다. 그리고 나는 매일 씨앗들을 먹으면서 씨앗들

4단계 자기 축복 명상 세션 1

4단계 지기 축복 명상 세션 2

의 지지를 받으며 이 삶을 살아가고 있습니다. 나는 이 씨앗들의 대표 씨앗이며 이 씨앗들은 나를 통해서 매일 순환합니다. 나의 씨앗 만다라 세상에서 땅의 기운과 하늘의 기운, 우주의 축복을 가만히 느껴봅니다. 내 앞에 생명의 씨앗들이 나를 축복합니다. 숨을 들이쉬고 내쉬면서 그 축복을 받아들입니다. 이 씨앗이 나라는 생명에게 사랑을 보냅니다. 호흡과 함께 그 사랑을 받아들입니다. 나는 씨앗입니다. 나는 온전한 생명입니다. 나는 근원적 에너지를 담고 있는 온전한 씨앗입니다. 나는 축복의 존재입니다. 씨앗 만다라의 축복과 감사가 내 몸의 세포 하나하나에 스며들고 있습니다. 그것을 온전히 받아들입니다. 나는 씨앗입니다. 나는 온전한 생명입니다.

5단계: 만다라 소멸의식

이제 나의 세상이 온전한 사랑과 감사, 축복으로 전부 채워졌다. 이제 내가 만든 이 모든 것들을 소멸시키는 공의 자리를 체험하는

5단계 만다라 소멸의식 1

5단계 만다라 소멸의식 2

시간이다. 천천히 바깥에서부터 안으로 소멸하면서 손끝으로 씨앗의 감촉을 느껴본다. 그리고 만다라의 중심에 수북하게 놓인 씨앗들을 바라보자. 또 축복이 가득한 빈 공간을 느껴보자. 오늘 만다라 명상에서 사용한 이 축복의 씨앗들은 밥을 지을 때 함께 사용해서 맛있게 먹어도 좋고, 화단에 씨앗을 심어서 축복을 가꾸어도 좋다.

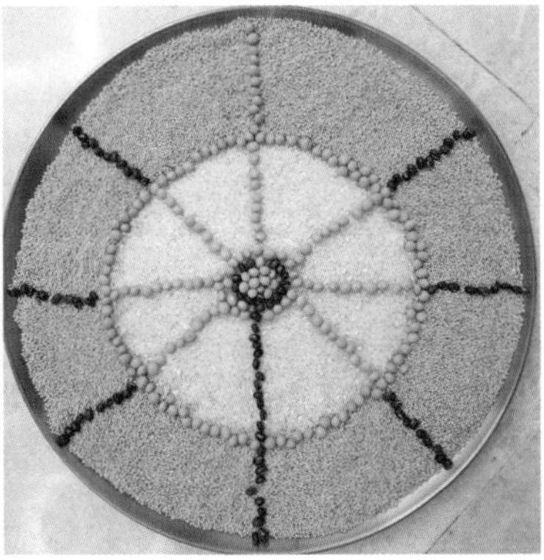

2장

물질적 풍요를 끌어오는 만다라 명상법

부와 성공의 관건은 부와 성공에 대한 자신의 부정적 신념을 정리하는 것에 있다. 우리가 살고 있는 이 현실은 보이지 않은 내 마음을 그대로 반영하고 있기 때문이다. 현실에서 잘살고 싶은데 과거에 힘들었던 경험이나 실패에 대한 두려움, 분노, 원한 등이 있다면 먼저 그것을 정돈해야 내가 원하는 대로 삶이 술술 풀리게 된다. 이것을 아는 세계적인 기업의 핵심 리더들은 자신의 내면을 바라보는 명상을 해왔다. 내면의 변화를 통해 현실을 변화시킬 수 있기 때문이다. 강남에 사는 사람들이 잘사는 이유는 부유한 문화 속에서 풍요의 진동과 에너지를 공유하기 때문이다.

이 장에서는 지구의 강력한 진동 에너지를 통해 내면의 그림자를 치유하고 물질 세상에서 지구의 풍요 에너지의 힘을 연결할 수 있는 만다라 명상법들을 소개한다.

빛나는 보석,
크리스털 만다라 명상

크리스털 만다라 명상은 우주와 공명하는 순수 핵심 에너지의 결정체. 크리스털을 자신의 세상과 연결하여 몸과 마음, 영혼의 통합적 치유를 통해 자신의 삶을 보석처럼 빛나게 하는 특별한 명상 프로그램이다.

| 크리스털 만다라 명상의 효과 |

* 무의식의 그림자 파동이 빛의 순수한 파동으로 재정렬됩니다.
* 빠른 시간에 에너지의 균형과 집중, 몰입이 이뤄집니다.
* 크리스털의 순수한 파동은 몸과 마음과 영혼을 전인적으로 치유합니다.
* 불안감과 긴장이 사라지고 빠른 이완 효과를 가져옵니다.
* 무의식의 정렬로 내면의 조화와 균형을 회복시킵니다.
* 물질 에너지가 확장되고 내면의 순수성이 회복됩니다.
* 예술적 감수성이 깨어나고 내면의 빛이 밝아집니다.

지구의 역사와 함께한 핵심 에너지

영화의 한 장면 중에 마법사가 동그란 크리스털 볼을 가만히 바라보면서 미래를 예측하는 장면이 있다. 아메리카 인디언의 드림 캐처에도 둥근 원 가운데 크리스털 원석이 걸려 있는 것을 볼 수 있다. 이처럼 크리스털은 몸과 마음을 치유하거나 영혼의 세계와 소통하는 도구로 사용되어왔다. 수천 년 전부터 고대의 여러 문화권에서 장신구와 여러 용도로 사용되었고 왕과 귀족의 신분과 권위의 상징으로 사용되기도 했다.

아름다운 빛과 다양한 색을 지닌 크리스털은 이 지구가 태어날 때 만들어져 지구의 역사와 늘 함께해왔다. 우리가 살고 있는 이 지구의 안쪽 세상은 크리스털 미네럴 왕국이다. 크리스털은 지구 중심에 있는 뜨거운 마그마의 엄청난 열을 받아서 녹아 흐르거나, 지하 깊숙이 차곡차곡 쌓이기도 하고, 거대한 압력에 지구 표면으로 떠오르기도 하면서 오랜 세월 동안 만들어졌다.

이러한 크리스털은 각기 고유한 파동을 지니고 있으며 가장 안정적이면서도 질서정연한 구조를 지니고 있다. 또한 기하학적 구조의 크리스털 결정체는 완벽한 만다라 구조를 지닌 가장 순수한 에너지이며, 이 지구의 핵심 에너지를 지닌 지구의 선물이다.

나는 그동안 이 지구의 순수 에너지에 이끌려 전 세계를 여행하면서 많은 종류의 크리스털을 수집했다. 120여 종류가 넘는 크리스털로 만드는 크리스털 만다라 명상 치유의 효과는 무엇을 기대하든지 상상을 넘어선다. 특히 물질 에너지의 에센스인 크리스털은 삶에 풍요를 끌어들인다. 만다라 안에서 크리스털의 순수 에너지가 서로 공명되고 진동하면서 몸과 마음, 심리적 차원을 넘어 순수한 빛의 세계를 경험하는 영적인 차원까지 경험하게 된다. 명상 내내 눈이 부신 신비로운 빛으로 가득하고 공간 전체가 빛의 세계로 밝아지는 것을 누구라도 느낄 수 있다.그 순수한 크리스털의 빛은 공간뿐 아니라 자신의 몸과 내면의 세상, 나의 영혼을 빛으로 밝히게 된다.

지구의 에센스, 순수한 빛의 치유

많은 사람들이 아름다운 보석에 매료되는 이유는 특별한 힘을 가진 지구의 핵심 파워, 그 신비로운 에너지에 끌리기 때문이다. 크리스털 만다라 명상은 지구에서 가장 귀한 보석들로 자신의 세상을 만들면서 내가 바로 빛나는 보석 같은 존재라는 것을 깨닫게 되는 명상이다. 하나의 보석이 아름답게 빛나기까지 수억만 년의 세월이 걸린 것처럼 나라는 존재가 빛나는 보석이라는 것을 알기까지도 참으로 오랜 세월이 걸렸다. 내가 나의 세상을 가장 귀한 보석들로 만드는 것처럼 나는 내 삶을 풍요와 축복으로 만들 수 있는 창조의 주인인 것이다.

• • •

준비 둥근 흰 종이 또는 흰 쟁반(지름 40센티미터 정도), 다양한 색과 모양의 크리스털 7~12종류 이상을 준비하여 각각의 접시에 정성껏 담아서 준비한다.

1단계 서클 명상

2단계 빈두 명싱

1단계: 서클 명상(3~5분)

등근 원을 내 앞에 놓고 고요한 마음으로 잠시 바라보고 천천히 눈을 감는다. 동그란 나의 세포를 느껴보고 동그란 지구를 느낀다. 커다란 원의 중심에 내가 앉아 있다. 우주의 중심에 앉아있는 나를 느껴본다. 숨을 들이마시고 내쉬면서 잠시 고요한 중심과 함께한다.

2단계: 빈두 명상(3~5분)

내 앞에 있는 크리스털 중에서 나와 닮았다고 생각되는 것 하나를 고른다. 먼저 크리스털 에너지와 연결하는 작업을 시작한다. 그것을 손바닥 위에 놓고 이리저리 생김새를 살펴보고 무게, 색깔 등 겉모습과 함께 내부를 천천히 탐색해본다. 그런 후에 이 크리스털을 둘러싼 빛을 상상하면서 '내가 선택한 또 다른 순수한 지구의 존재, 당신을 이렇게 만나게 되어 반갑습니다'라고 크리스털에게 이야기한다.

3단계 크리스털 만다라 창조의식 1

3단계 크리스털 만다라 창조의식 2

호흡을 하면서 이 크리스털 에너지를 느끼고 그 진동이 나의 손을 통과하여 내 몸에 흐르는 것을 느껴본다. 크리스털의 고요하고 순수한 빛이 내 몸 구석구석에 퍼져나가는 것을 느낀다. 크리스털은 우리를 보다 높은 차원으로 안내하는 메신저의 역할을 한다. 자, 이제 '나'라고 선택한 크리스털을 텅 빈 만다라의 중심에 놓는다. 그리고 그 순수한 빛의 파동이 나의 세상으로 퍼져나가는 것을 명상한다. 내 세상의 중심에 이렇게 순수한 빛이 있다.

3단계: 크리스털 만다라 창조의식(20~30분)

내가 세상의 중심, 우주의 중심에 있다. 크리스털을 소중하게 다루면서 만다라의 중심에서부터 나의 세상을 만든다. 천천히 호흡하면서 깨어 있는 의식으로 크리스털의 진동을 느끼면서 몸을 움직인다. 크리스털은 지구의 DNA이며 오래된 진화의 기록을 가지고 있다. 지구와 45억 년의 역사를 함께하면서 마그마의 불덩어리였다가 다시 고체가 되었다가 때로는 기체가 되었다가 또 액체가 되기도 했다. 이렇게 수많은 변화의 끝에 오늘, 드디어 나와 만났다.

손끝의 예민한 느낌에 따라서 나를 부르는 크리스털을 만나고, 그 순수 에너지와 연결한다. 내가 이렇게 크리스털 에너지를 연결하고 받아들이는 것은 지구의 풍요를 받아들이는 것이다. 크리스털을 선택할 때 내 손이 멈추는 곳에 있는 크리스털을 고른다. 이것은 나의 무의식이 선택하는 것이다. 이때 생각을 멈추고 자신을 신뢰해야 한다. 나의 움직임 하나 하나를 알아차리고 내 안에서 올라오는 모든 감정들을 객관화하여 '아, 그렇구나' 하고 있는 그대로 바라본다.

내가 이 세상의 주인이 되어 지구 에너지의 엑기스, 크리스털로 나의 세상을 창조한다. 크리스털의 풍요의 진동을 느끼고 빛나는 보석의 진동을 느낀다. 이것은 내가 지구의 축복을 받아들이는 것이다. 나는 풍요의 주인, 축복의 주인이다. 이 밝은 진동을 몸과 마음으로 느끼고 내 세포들이 기억할 수 있도록 한다. 어느새 움직임이 멈춘 순간 크리스털 만다라가 완성이 되었다. 그것을 고요히 바라보고 이 만다라가 나에게 어떤 이야기를 하는지 가만히 들어본다.

4단계: 자기 축복 명상 세션(자신의 만다라를 바라보면서 읽는다)

나는 빛나는 보석입니다. 나는 오늘 지구에서 가장 빛나고 아름다운 보석들로 나의 세상을 만들었습니다. 지금 여기 나의 세상이 지구의 핵심 에너지인 보석들로 빛나고 있습니다. 지구의 오래된 지

4단계 자기 축복 명상 세션

혜와 응축된 힘이 담긴 이 크리스털들이 나의 세상을 밝히고 있습니다. 가장 아름답고 순수한 빛, 지구의 엑기스로 만든 크리스털 만다라가 나를 위해 여기에 있습니다. 이 순수한 진동이 나를 아름답게 빛나게 합니다. 그 진동을 가슴으로 느끼고 나의 온 몸의 세포로 느껴봅니다. 내 몸 전체가 빛이 됩니다. 내가 우주의 창조 에너지를 지닌 특별한 보석임을 느껴봅니다.

지금 여기, 지구의 핵심 에너지들이 나를 위해 존재합니다. 또 지구 안에 있는 수많은 보석들이 나를 위해 진동하고 있음을 느끼고 그것에 감사드립니다. 지구의 강력한 물질 에너지의 진동을 느낍니다. 이 풍요의 진동은 내가 물질 세상에서 주인으로 살아가도록 나를 지지할 것입니다. 지금 이 순간 물질 세상인 지구에서 나의 새로운 에너지 정렬이 일어나고 있습니다. 나의 그림자가 사라지고 그 자리에 빛으로 채워지고 있습니다. 나의 머리는 하늘과 연결되어 있고 나의 발은 지구와 연결되어 있습니다.

지구 중심의 마그마가 식은 결정체가 이 크리스털입니다. 지구의 핵심 에너지가 나를 축복하고 있습니다. 내가 그것과 하나임을 느낍니다. 나는 모든 것이고, 모든 것의 주인이고, 나는 이 모든 것의 축복을 받는 존재입니다. 내가 만든 만다라 세상이 나를 축복합니다. 이 지구가 나를 축복합니다. 이 풍요의 진동을 받아들입니다. 나는 나의 삶을 만든 창조의 주인입니다. 또 나는 내가 원하는 세상을 만들 수 있는 주인입니다. 이 풍요의 진동과 축복의 진동, 물질의 진동을 기억합니다. 나는 그 모든 것의 주인입니다. 존재가 축복이고 존재가 풍요이고 존재가 사랑입니다. 천천히 호흡하면서 지금 여기 이 순간으로 돌아옵니다.

5단계: 만다라 소멸의식

풍요와 축복으로 가득 채워진 나의 세상을 소멸한다. 창조된 세상은 언젠가 사라지고 모든 것은 원래의 자리로 돌아간다. 따라서 우리의 삶은 이 순간뿐이다. 천천히 만다라의 중

5단계 만다라 소멸의식

심을 향해 소멸한다. 이렇게 내 삶의 모든 경험들을 흘려보낸다. 이때 내 안에서 올라오는 감정들을 있는 그대로 바라본다. 그리고 모든 것이 소멸된 자리, 그러나 풍요의 빛이 가득한 텅 빈 만다라를 바라본다. 순수한 빛의 크리스털 진동수를 기억하면서 내가 풍요의 세상을 창조할 수 있는 모든 것의 주인임을 느낀다.

위대한 생명의 축제,
야채·과일 만다라 명상

야채·과일 만다라 명상은 하늘과 땅의 생명 에너지를 가진 축복의 열매들로 자신의 신성한 힘을 회복하고 풍요와 축복의 진동을 강화시키는 명상 프로그램이다.

| 야채 · 과일 만다라 명상의 효과 |

* 생명 에너지를 느끼면서 내면의 순수성을 회복합니다.
* 축복과 풍요의 진동과 에너지를 강화시킵니다.
* 마이너스 파동에서 벗어나 고유한 파동으로 재정렬합니다.
* 오감체험을 통한 창조성을 향상시킵니다.
* 내적 자아의 균형과 통합을 이룹니다.
* 감사와 사랑을 느끼고 자연과 우주와의 일체감을 경험합니다.

하늘과 땅, 모든 생명에 대한 감사

모든 자연의 구조가 그렇듯 우리가 매일 먹는 야채와 과일은 만다라 구조이다. 우리는 다양한 색깔과 모양을 가진 축복의 선물인 야채와 과일을 매일 먹으면서 몸과 마음의 밸런스를 갖게 된다. 씨앗이 함축된 생명 에너지라면 열매는 그 결과물이다. 땅에 뿌린 작은 씨앗들이 자라서 풍성한 열매들로 우리에게 주어진다.

야채·과일 만다라를 만들기 위해 다양한 색깔의 싱싱한 재료들을 정성껏 준비해서 접시에 쭉 담아놓으면 우리가 매일 먹는 이 열매들이 정말 새로운 시각으로 보이게 된다. 이 생명의 열매들이 아름답고 빛나는 보물들처럼 느껴지면서 가슴에서 울컥하는 감사한 마음이 저절로 흐르게 된다. '아, 이 아름다운 열매들이 나를 위해서 존재하는구나, 나를 위해 이 모든 생명들이 피어나고 열매를 맺는구나.' 이렇게 생명에 대한 감사와 하늘과 땅, 지구에 대한 감사 그리고 마지막에는 자기 자신에 대한 감사한 마음이 저절로 일어난다. 나라는 생명이 소중한 열매임을 알게 된다. 우리가 이 열매들을 감사와 사랑으로 먹을 때 이 야채와 과일들이 생명력을 이어가는 것이다.

땅과 하늘, 우주의 기운이 담긴 생명의 열매들로 나의 만다라 세상을 만들면서 축복과 풍요의 진동을 느끼게 된다. 보이는 세상은 마음이 창조한 세상이다. 이처럼 우리가 풍요의 진동과 에너지를 몸과 마음으로 강화시킬 때 삶에서도 그것을 경험할 수 있게 된다.

생명의 잔치, 나는 생명 중의 생명이다

생명의 잔치인 야채·과일 만다라를 통해 이 모든 생명들이 나를 위해 존재하는 것에 대한 무한한 감사를 느끼게 된다. 삶에서 잘 사는 비법 중의 가장 최고는 감사하는 마음이다. 감사는 우주의 풍요를 가져오는 최고의 주문이다. 그러나 말로만 하는 감사가 아니라 가슴에서 저절로 우러나오는 '진정한 감사'여야 한다.

야채·과일 만다라 명상을 하면서 하늘과 땅, 햇빛, 바람, 폭풍우, 비바람 등 그 모든 것들에 대한 감사한 마음이 저절로 우러나온다. 사랑도 감사하고 아픔도 감사하다. 그 모든 재료들이 있었기에 나라는 생명이 존재할 수 있었다. 자신의 생명에 대한 감사로 눈물이 흐르기도 한다. 함께하는 그룹 작업에서는 자신이 원하는 재료를 선택해서 개인마다 생명의 식탁을 차린다. 자신의 신성을 축복하면서 생명의 열매를 담아 나를 위한 상을 차리는 것이다. '나'라는 신에게 자연의 생명을 공헌하는 의식인데 내가 얼마나 아름다운 생명인지 느끼고 생명에 대한 무한한 존귀함을 경험하게 된다.

• • •

준비 둥근 흰 종이 또는 지름 40센티미터 정도의 흰 쟁반, 다양한 색깔과 모양의 야채와 과일들을 7~12종류 이상을 준비하여 각각의 접시에 정성스럽게 담아놓는다. 가장 신선한 것으로 풍성하게 준비한다.

1단계 서클 명상

2단계 빈두 명상

1단계: 서클 명상(3~5분)

고요한 마음으로 둥근 원을 내 앞에 놓고 잠시 바라보고 천천히 눈을 감는다. 동그란 지구를 가만히 느끼고 지구의 생명 숨결을 느껴본다. 숨을 들이쉬고 내쉬면서 커다란 지구의 중심에 내가 앉아 있다고 상상한다. 나의 중심을 느끼고, 나의 생명을 느끼고, 커다란 원을 느낀다. 고요한 중심과 함께하면서 커다란 지구를 상상해본다.

2단계: 빈두 명상(3~5분)

내 앞에 준비된 풍성한 야채와 과일 중에서 자신이라고 생각되는 가장 싱싱하고 빛나는 재료 하나를 선택해서 원의 중심에 초대한다. 눈을 감고 그 싱싱한 생명력을 가진 나를 느낀다. 세상의 중심에, 그리고 지구의 중심에 내가 있다. 그 고요한 중심에 내가 위대한 생명으로 앉아 있다. 나를 느끼고 나의 생명을 느낀다. 고요한 중심의 생명력을 느낀다.

3단계 야채 · 과일 만다라 창조의식 1

3단계 야채 · 과일 만다라 창조의식 2

3단계: 야채 · 과일 만다라 창조의식(20~30분)

만다라의 중심부터 시작해 생명의 축제인 생명 만다라를 창조한다. 내 손이 가는 대로 움직임을 만들어간다. 이렇게 만다라 명상의 창조적 예술 행위를 통해서 내 몸과 마음의 에너지가 빠른 시간에 쉽게 정렬된다. 아무리 피곤하고 마음이 무거울지라도 만다라 명상을 하다 보면 마음이 금세 밝아지고 즐거워지고 몸과 마음은 날아갈 듯 가벼워진다. 다양한 색깔의 싱싱한 재료들로 만다라를 만드는 순간 나의 생명 에너지가 샘솟는 것같이 느껴지고 기분도 상당히 고조된다. 이 생명들 덕분에 나라는 생명이 살아나는 순간이다.

우리가 매일 야채와 과일을 먹는 것은 자연의 생명 에너지, 컬러 에너지를 먹는 것이다. 다양한 색의 싱싱한 열매들을 보물처럼 바라보며 신선하고 달콤한 향기를 느낀다. 또 손이 닿을 때의 감각을 느끼고, 군침이 돌거나 먹고 싶은 것이 있다면 그 맛을 온전히 느끼면서 먹으면서 만들어간다. 이 모든 것들이 오늘의 나를 위해 준비된 것이다. 동그란 만다라 안에서 생명의 축제가 열렸다. 지구의 생명

4단계 자기 축복 명상 세션

에너지를 담고 있는 이 열매들로 나의 세상을 축복과 풍요로 가득 채우면서 펼치는 것이다. 완성된 야채·과일 만다라를 바라보고 이 만다라가 목소리에 있다면 나에게 어떤 말을 할지 상상해본다. 그 메시지를 들어보고 내 몸과 마음에서 느껴지는 풍요의 진동을 느낀다.

4단계: 자기 축복 명상 세션(자신의 만다라를 바라보면서 읽는다)

하늘도, 햇살도, 이 땅도, 모든 존재가 나를 위해 존재합니다. 내 앞의 야채·과일 만다라는 나를 위한 생명의 열매들입니다. 나는 이 생명과 함께 숨쉬고, 이 생명과 함께 노래하고, 이 생명과 함께 사랑을 나눕니다. 그리고 이 소중한 생명에게 감사하고, 자연에게 감사하고, 이 지구에게 감사합니다. 동그란 만다라의 생명들이 나를 축복합니다. 이 모든 생명들이 나를 위해 존재합니다. 땅의 기운과 하늘과 우주의 기운이 담긴 생명의 열매가 '나'라는 고귀한 생명을 위해 존재합니다. 이 모든 생명들이 나를 축복하고 있습니다.

숨을 들이마시고 내쉬면서 이 생명의 축복을 받아들입니다. 하늘을 머금고 있고 땅을 머금고 있는 이 생명들이 아름다운 나를 위해 꽃 피어나고 열매를 맺어 지금 여기에 와 있습니다. 이 지구도 '나'라는 생명을 위해서 존재합니다. 이 우주도 나를 위해 존재합니다. 나는 '나'라는 신을 축복합니다. '나'라는 신전에 이 생명을 공헌합니다. 내 마음이 꽃피고 생명이 꽃피고 삶이 꽃피어 풍요로움으로 가득합니다. 잠시 이 풍요와 축복의 진동을 느껴봅니다.

5단계: 만다라 소멸의식

이제 한바탕 생명의 축제가 끝나고 소멸의 시간이다. 모든 것을 근원의 자리로 돌려보낸다. 내가 창조한 세상을 소멸할 때 다시 새로운 창조가 일어난다. 내 것이라고 움켜쥐고 부여잡고 있다면 그 세계에 주저앉아 머무르게 되고 새로운 창조는 일어날 수 없게 된다. 두 손으로 야채·과일 만다라의 가장자리에서부터 안쪽으로 천천히 모으면서 소멸한다. 만다라 명상의 궁극의 순간이다. 내면에서 어떤 감정들이 올라오는지 바라본다. 우주의 생명의 축제가 끝나고 이제 텅 빈 공의 자리로 돌아왔다. 축복과 풍요의 에너지가 가득 찬 텅 빈 공간. 이제 나는 어떤 세상을 창조하고 싶은가. 나는 다시 이

자리에서 내가 원하는 풍요의 세상을 창조한다. 나는 창조자다. 나는 내 세상의 주인이다.

Tip. 돌상 만다라 세션

생명의 재료들 중에서 7개를 선택해서 자신을 위한 돌상을 차린 후에 잠시 명상을 한다. 태어나서 어떤 이유로 돌상을 받지 못했거나 너무 어려서 돌상을 받은 기억이 나지 않을 수 있다. 이 세션을 통해서 내가 얼마나 고귀한 생명인지 우주적 사랑의 파동을 경험할 수 있다.

'하늘은 나를 보호하고 땅은 나를 지지하고 이 우주는 언제나 나를 위해 존재합니다. 하늘의 사랑이 나에게 흐르고 땅의 사랑이 나에게 쏟아집니다. 우주의 사랑이 언제나 나에게 함께 합니다. 나는 그것을 기꺼이 받겠습니다. 이 생명에 감사합니다. 이 호흡에 감사합니다.' 잠시 눈을 감고 생명의 감사함을 느껴본다. 우리가 매일 먹고 살아가는 것들에 감사와 사랑을 느낄 때 나를 통해서 이것들이 생명력을 이어가는 것이다. 이 모든 생명들이 나를 위해 존재한다. 나는 위대한 생명이다.

나는 빛나는 존재,
비즈 만다라 명상

비즈 만다라 명상은 화려하게 반짝이며 빛나는 비즈를 자신의 세상과 연결해 내가 '빛나는 존재'라는 자존감을 세우는 명상 프로그램이다.

| 비즈 만다라 명상의 효과 |

* 빛의 진동을 통해서 몸과 마음의 파동을 재정렬합니다.
* 내면의 아름다움을 발견하고 다양한 감각을 깨우는 오감체험입니다.
* 오감을 활용한 감성 예술 명상으로 예술 감수성과 몸의 감각을 깨웁니다.
* 재미있고 빠르게 무의식의 그림자를 정렬합니다.
* 긍정적 파동과 진동을 강화시면서 자존감과 순수성을 회복합니다.
* 내면의 아름다움을 발견해 자의식과 자존감이 향상됩니다.

반짝이는 화려한 빛의 진동이 주는 치유

비즈 만다라 명상은 자신이 얼마나 빛나고 아름다운 존재인지 저절로 알게 되는 명상이다. 유리나 도기 등으로 만들어진 빛나는 구슬, 비즈는 다양한 색깔과 모양으로 보는 사람을 매료시킨다. 수공예나 장신구 등에 사용되는 비즈는 현대의 다양한 커팅 기술이 더해져 더욱 다양하고 화려한 아름다움을 가지고 있다. 이러한 비즈를 이용해서 만다라 명상을 하면 몸과 마음이 빛으로 채워진다. 이 즐거운 빛의 명상 축제에서는 누구라도 쉽게 기쁨과 행복의 에너지를 느낄 수 있다. 우리가 기쁨과 행복, 풍요의 긍정적인 빛의 진동을 느끼고 우리의 몸이 그것을 기억할 때 우리의 현실도 그렇게 펼쳐진다. 무의식의 파동대로 살게 되기 때문이다. 이렇게 눈으로 보고 듣고 만지고 움직이며 오감으로 체험하는 창조적인 예술 명상을 통해 우리 안의 균형을 잃어버린 파동들이 치유되면서 순수한 고유 파동이 살아나기 시작한다.

세상의 중심에 아름답게 빛나는 내가 있다. 120종류가 넘는 다양하고 화려한 비즈로 만다라 명상을 하면서 빛나는 나의 몸과 마음을 창조한다. 내 몸과 마음이 화려한 컬러의 빛으로 반짝거린다. 누군가 나에게 당신은 빛나는 존재라고 말해주지 않아도 '내가 정말 빛나는 존재이구나'를 저절로 알게 된다. 내 몸이 빛나고, 마음이 빛나고, 세상이 빛나는 것을 경험하게 된다. 아픔과 고통 속에서 빠져나오는 가장 빠른 방법은 내 안의 기쁨과 사랑을 꺼내는 일이다. 수많은 심리 명상 프로그램이 고통과 아픔의 그림자에 집중되어 있지만 만다라 명상은 내 안의 빛을 기억하게 하는 아름다운 치유 과정이다.

내 몸과 내 마음이 빛난다

비즈 만다라 명상을 하게 된 계기는 어린이들과 함께 크리스털 만다라 명상을 진행하면서이다. 조심스럽게 다루어야할 크리스털보다 누구나 쉽게 빛의 체험을 할 수 있는 방법을 찾다가 비즈를 발견하게 되었다. 비즈는 주변에서 구하기 쉽고 저렴하고 종류도 정말 다양하다. 이러한 비즈를 이용해 만다라 명상을 하면서 자신의 몸과 마음을 빛으로 채울 수 있었는데 그 효과는 어른이나 아이나 할 것 없이 정말 기대 이상이었다. 이 즐거운 빛의 명상 축제에서는 누구라도 쉽고 재미있게 기쁨과 행복의 에너지를 체험할 수 있다.

• • •

준비 4절 이상의 종이에 사람의 형상을 미리 그려놓는다. 둥근 흰 종이 또는 지름 40센티미터 정도의 흰 쟁반, 다양한 색깔과 모양의 비즈를 7~12종류 이상 준비하여 정성스럽게 각각의 접시에 담아서 준비한다. 비즈는 화려하게 빛나고 다양한 것으로 준비할수록 좋다.

1단계 나의 몸과 연결하기

2단계 빈두 명상

빛나는 나의 몸

1단계: 나의 몸과 연결하기

종이 위에 그려진 사람의 모습을 나라고 생각하고 나의 몸과 연결하고 잠시 나의 몸을 느껴본다. 어떤 느낌인지 내 몸을 구석구석 느껴보고 또 전체의 몸을 하나로 느껴본다.

2단계: 빈두 명상(3~5분)

준비된 비즈 중에서 나라고 생각되는 비즈를 하나 선택해 도화지 위에 그려진 사람의 몸 위에 올려놓는다. 주로 가슴이나 머리에 놓는 경우가 많은데 어디든 좋다. 가만히 그것을 느끼고 나의 몸과 연결한다. 내 몸이 중심이 가슴이라고 느껴지면 가슴과 연결하고 머리라고 느껴지면 머리와 연결한다.

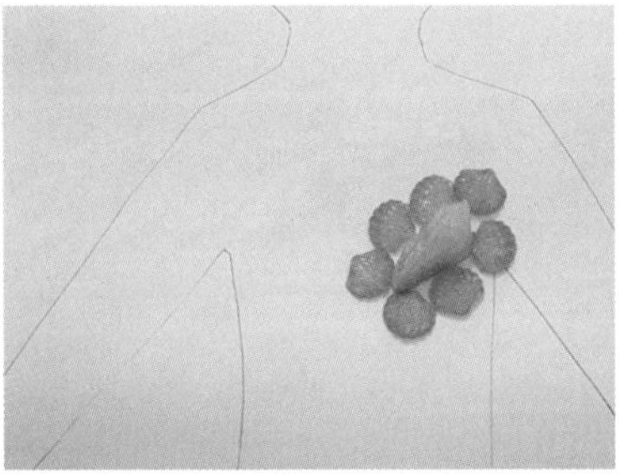

3단계 비즈 만다라 창조의식 1

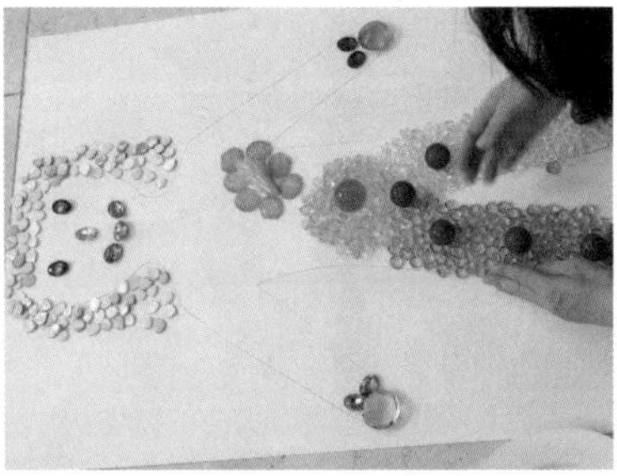

3단계 비즈 만다라 창조의식 2

3단계 : 비즈 만다라 창조의식(20~30분)

몸의 중심부터 시작해서 내 몸을 화려하게 빛나는 비즈로 만들어 가면서 내 몸이 빛나고 밝아지는 것을 느낀다. 내 몸을 빛나는 구슬들로 밝게 꾸밀 때 내 몸의 어두운 파동도 정렬된다. 내 몸의 중심이 세워지고 내 안의 그림자에 가려 있던 빛이 다시 흐르게 된다. 비즈를 소중하게 다루면서 손끝으로 비즈의 반짝임을 느낀다. 내 손끝이 빛으로 반짝인다. 나의 움직임 하나하나에 집중하면서 몸의 흐름에 자신을 맡긴다. 내 움직임을 통해서 나의 우주가 재배열된다. 이렇게 무의식의 흐름을 존중할 때 풀림이 시작된다. 이러한 에너지의 정렬은 현실에서의 풀림으로 이어지게 된다.

그룹 작업을 할 때 내 안에서 다양한 마음들이 올라온다. '내가 갖고 싶은 것을 방금 저 친구가 가져갔네.' 걱정하지 말라. 다시 옆을 보라. 그 옆에 반짝이고 예쁜 것들이 아직 남아 있다. 비어 있는 것에 집중하지 말고 남아 있는 것에 집중하라. 그 아쉬움과 부족감은 나의 삶의 패턴이다. 자각하고 떨어져 나와야 한다.

4단계 자기 축복 명상 세션

완성된 후에 빛나는 자신의 몸을 가만히 바라본다. 어떤 느낌, 감정, 생각이 드는지 잠시 그것을 바라본다. 이 만다라가 목소리가 있다면 나에게 어떤 말을 할까. 내면의 목소리를 들어보고 잠시 빛의 진동과 함께한다.

4단계: 자기 축복 명상 세션(자신의 만다라를 바라보면서 읽는다)

내 몸이 빛나고 있습니다. 내 머리, 가슴, 배, 팔과 다리를 가만히 느껴봅니다. 빛나는 나의 몸을 가만히 느낍니다. 내 안의 빛을 꺼내어 나의 몸을 빛으로 만들었습니다. 나는 빛나는 존재입니다. 나는 아름다운 존재입니다. 내 몸은 척추를 중심으로 에너지가 회전하고 있는 온전한 만다라입니다. 내 몸의 중심이 세워지고 나의 척추가 단단하게 세워집니다. 내 몸이 밝고 환한 빛으로 채워집니다. 내 몸의 그림자가 사라지고 빛으로 빛나고 있습니다. 내 몸이 점점 당당하게 펴지고 몸 구석구석 균형을 찾아갑니다. 나의 세포 하나하나가 빛나고 있습니다. 이렇게 아름다운 내 몸의 빛을 느낍니다. 호흡을 하면서 빛을 들이마시고 빛을 내쉽니다. 나의 세포가 빛나고 있습니다. 내 몸이 보석처럼 빛나고 있습니다. 내 몸에 내 마음이 깃들어 있고, 내 마음 안에 내 몸이 깃들어 있습니다. 나는 빛나는 몸과 마음으로 아름답게 살아갈 것입니다.

5단계: 만다라 소멸의식

내 몸을 빛으로 꾸민 구슬들을 존중하는 마음으로 두 손으로 천천히 중심을 향해 모은다. 소멸의식을 통해 공의 자리가 드러나도 나의 세상은 여전히 빛나고 있다. 한바탕 축제가 끝나고 원래의 자리로 돌아가는 것이다. 텅 빈 공의 세상을 느끼면서 동시에 빛으로 가득한 세상을 느낀다. 나의 세상은 아름다운 빛의 에너지로 빛나고 있다. 나는 다시 내가 원하는 세상의 빛을 펼칠 수 있는 창조의 주인이다.

5단계 만다라 소멸의식

1단계 서클 명상

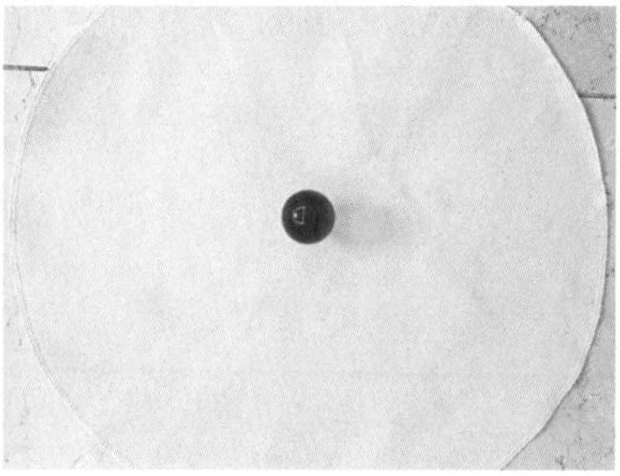

1딘계 빈두 명상

빛나는 나의 마음

1단계: 서클 명상 & 빈두 명상(3~5분)

내 앞의 동그란 원을 바라보고 잠시 눈을 감는다. 온몸에 힘을 빼고 편안하게 호흡한다. 동그란 원의 중심에 내가 있다. 우주의 중심에 내가 있다. 그 고요한 중심을 느끼고 천천히 눈을 뜬다.

내 앞에 있는 화려하게 빛나는 비즈 중에 나와 닮은 비즈 하나를 고른다. 생각을 멈추고 처음 내 눈에 띄는 것, 손에 딱 잡히는 것을 직관적으로 고른다. 그것이 오늘의 나이다. 그것을 나의 세상인 만다라의 중심에 초대한다. 그리고 우주의 중심에 빛나고 있는 자신을 느껴본다.

2단계: 비즈 만다라 창조의식(20~30분)

만다라의 중심에서부터 시작하여 자신의 마음 세상을 펼친다. 반짝이는 비즈의 화려한 빛을 바라보면서 비즈를 고르는 내 손끝에서

2단계 비즈 만다라 창조의식

2단계 비즈 만다라 창조의식 2

도 반짝임이 느껴진다. 나의 세상이 빛으로 밝게 빛나고 있다. 이 모든 반짝이는 보물들이 오늘 나를 위해 준비된 것이다. 몸을 움직이면서 내 움직임을 알아차리고 그 흐름을 존중하면서 내면에서 올라오는 모든 것들을 있는 그대로 바라본다.

어떤 것을 골라야 할지 한동안 머뭇거리는 나, 더 좋은 것을 찾고 있는 아쉬움의 나, 혼란 속에서 선택하지 못하는 나, 부족한 것을 보고 있는 나 등 수많은 나를 만날 수 있다. 만다라의 창조와 소멸 과정을 통해서 그러한 자신을 있는 그대로 바라보고 자신이 진정 원하는 것을 찾아가게 된다. 완성된 후에 만다라를 가만히 바라보면서 어떤 느낌이 드는지 느껴본다. 이 만다라에 목소리가 있다면 나에게 어떤 말을 할지 내면의 소리를 들어본다.

3단계: 자기 축복 명상 세션(자신의 만다라를 바라보면서 읽는다)

호흡과 함께 빛을 들이마시고 빛을 내쉽니다. 나의 세상이 화려한

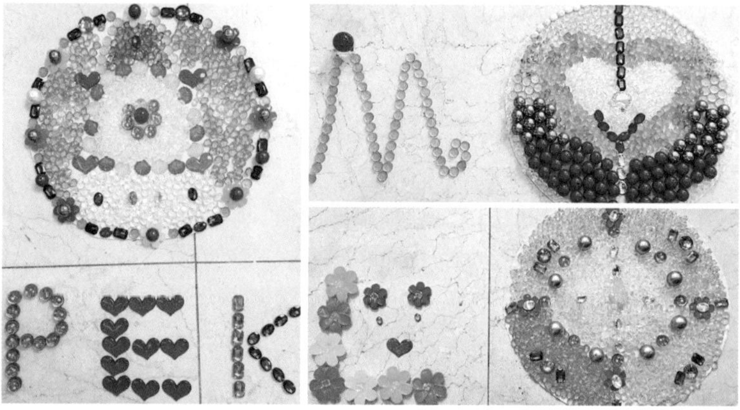

3단계 자기 축복 명상 세션

빛깔로 반짝이고 있습니다. 우주의 중심에 빛의 기둥이 세워지고 전체 우주가 빛으로 밝아지고 있습니다. 나는 빛나는 존재입니다. 나는 나의 세상인 만다라를 빛의 세계로 만들었습니다. 이 빛의 세상과 연결해봅니다. 빛나는 나의 세상이 이 지구 세상과 함께합니다. 빛나는 기쁨과 행복의 파동을 느껴봅니다. 어두웠던 내면의 그림자가 빛으로 밝아집니다. 내가 밝아지고 이 공간이 밝아지고 전체가 밝아지고 있습니다. 빛의 축복을 느껴봅니다. 나는 이렇게 빛나는 몸과 마음으로 아름답게 살아갈 것입니다.

4단계: 만다라 소멸의식

손끝으로 빛을 느끼면서 만다라의 바깥에서 안으로 천천히 소멸한다. 내가 울고 웃으며 경험했던 나의 한 세상이 사라지고 텅 빈 원이 되었다. 그러나 이 텅 빈 공간과 나의 몸과 마음에는 오늘 빛과 함께한 축제의 경험들이 기억되어 있다. 빛의 진동이 몸과 마음의 무의식에 남아 있다. 나는 다시 내가 원하는 세상을 축복과 풍요의 빛으로 펼칠 것이다.

4단계 만다라 소멸의식

3장

인간관계를 풀어주는 만다라 명상법

성공한 사람들은 공통적으로 성공의 가장 큰 요인으로 인간관계를 이야기한다. 우리의 행복은 인간관계에 달려 있다고 말한다. 그러나 모든 인간관계는 자기 자신과의 관계에서 시작된다. 나는 나를 존중하는가, 아니면 타인에게 모든 것을 맞추면서 정작 자기 자신은 바라봐주지 않고 있지 않은가. 우리는 내가 나를 대하는 방식으로 타인과 세상을 마주하면서 살고 있다. 사람이 아무도 살지 않는 무인도에 살지라도 자신과의 관계는 중요하다. 스스로 자기 자신을 '이래야 하는데, 저래야 하는데'라고 판단하고 남과 비교하면서 자신을 들들 볶는다면 어디를 가든 행복하지 않을 것이다.

이 장에서 소개하는 만다라 명상법은 내가 나 자신 또는 타인과 세상과 어떻게 관계를 맺고 있는지 '관계의 지도'를 시각적으로 바라보고 인식하는 것부터 시작된다. 그리고 그러한 관계의 원인이 무엇이고 그것을 어떻게 풀어나가야 하는지 길을 찾아가게 된다.

무지개 빛깔의 파동 그림,
컬러 만다라 명상

컬러 만다라 명상은 고유한 주파수를 가진 컬러를 통해 자신의 세상을 바라보면서 자각하고 에너지를 재정렬하는 명상 프로그램이다.

| 컬러 만다라 명상의 효과 |

* 고유한 주파수를 가진 컬러와 도형을 통해 에너지가 정렬됩니다.
* 시각화된 이미지로 내면의 상태를 발견하고 자각하고 통찰합니다.
* 스트레스를 해소시키고 집중력을 향상시킵니다.
* 짧은 시간에 부정적 파동을 정렬해 내적 균형을 회복합니다.
* 정서적 안정을 주고 자신과 타인을 이해하도록 돕습니다.
* 고요한 중심을 느끼고 저절로 내적 균형이 이루어집니다.

무지개색 마음을 객관화하여 바라보다

빨주노초파남보의 무지개색과 골드, 핑크, 마젠타, 화이트 등 다양한 컬러를 주제로 지금까지 10년 가까이 만다라 명상을 진행하고 있다. 색채는 나의 의식과 감정, 에너지를 거울처럼 반영하고 각기 고유한 파동을 지니고 있다. 우리의 다양한 삶의 경험들을 컬러 키워드를 통해 거울처럼 바라볼 수 있다. 다양한 색깔처럼 우리는 수많은 감정들을 만나는 에고의 경험을 지나 빛의 여정으로 나아가고 있다. 만다라 안에서 색깔과 도형을 통해 내 세상을 바라보고 내 마음의 지도를 찾아나간다. 나와 세상의 관계들을 점차 조화롭게 정렬해 가는 것이다.

컬러 만다라 명상은 열두 가지 이상의 색연필로 언제 어디서든 쉽게 내 마음을 시각화해서 바라보고 원하는 길로 나아가는 간편한 그림 명상이다. 내가 선택한 색연필을 손에 쥐고 움직이면서 손에 힘이 어느 정도 들어가는지, 만다라 공간에서 색채가 부드럽게 흘러가는지 아니면 거친지, 흐르는지 끊기고 막히는지 바라본다. 이렇게

내 마음의 파동이 시각화된 모습으로 드러난다.

현대인들은 보는 것을 신뢰한다. 시각적 정보는 우리 뇌에 특히 강한 영향을 주는데, 만다라를 통한 내 마음의 변화를 눈으로 확인할 때 우리의 인식이 바뀌고 생각이 바뀌고 삶도 바뀌게 된다. 만다라 명상은 짧은 시간에 불균형의 파동과 에너지를 재정렬하는 현대인에게 잘 맞는 최고의 명상 도구이다. 컬러 만다라 명상을 하면 자신의 에너지가 어떻게 변화되었는지 인식하고, 짧은 시간에 균형을 찾아가는 자신을 바라볼 수 있다.

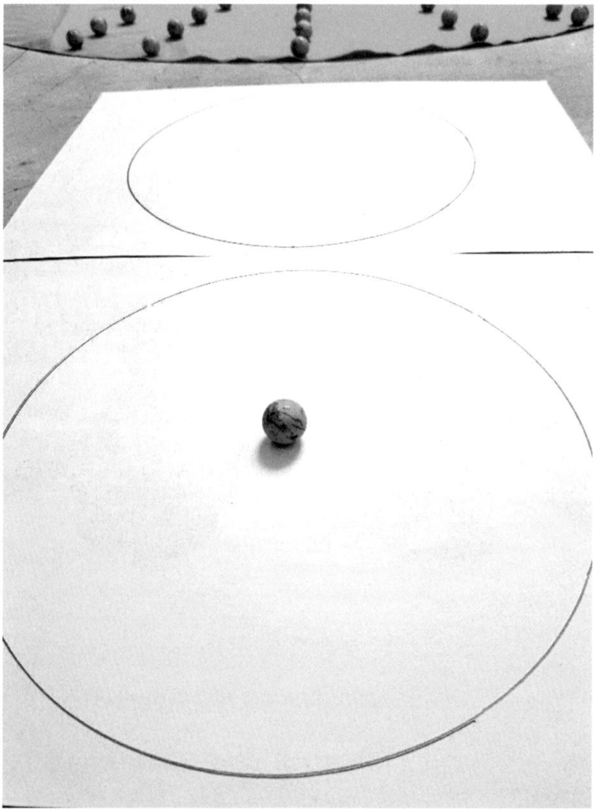

• • •

준비 12색 이상의 색연필을 준비하고 A4 용지 또는 도화지 2장에 컴퍼스 또는 접시를 뒤집어서 둥근 원을 그려놓는다.

1단계 주제 색깔별 서클 명상 & 컬러 명상

1단계: 서클 명상 & 컬러 명상(3~5분)

둥근 원을 앞에 놓고 고요한 마음으로 바라본다. 천천히 호흡하면서 눈을 감는다. 내가 둥근 내 세상의 중심에 앉아 있다고 상상한다. 둥근 원의 크기를 점점 확장시키면서 동시에 중심의 나를 느껴본다. 몸과 마음에서 올라오는 느낌이나 감정 등을 있는 그대로 바라본다.

이때 떠오르는 색깔이 있으면 오늘은 그 색의 색연필을 들고 빈두에서부터 손의 움직임을 따라서 그려나가면 된다.

컬러를 주제로 명상을 하는 경우, 예를 들어 오늘의 색이 '빨강'이라고 한다면 동그란 원의 중심에 내가 빨간색 옷을 입고 앉아 있다고 상상한다. 마치 원의 중심에 붉은 불빛을 켜놓은 것처럼 내가 붉은색으로 밝아지면서 둥근 원 전체가 빨강으로 가득한 것을 느껴본다. 이때 화, 두려움, 열정, 에너지 등 그 어떤 것이 내 안에서 올라와도 있는 그대로 바라본다. 있는 그대로 감정들을 바라볼 때 치유가 시작된다. 천천히 눈을 뜨고 빨간 색연필을 들고 만다라 명상을 시작한다.

나는 컬러 명상을 할 때 커다란 컬러 만다라 판 위에 그날의 컬러 주제와 관련된 크리스탈 원석 또는 큐브 만다라를 사용해 명상을 한다. 또는 주변에서 간단히 구할 수 있는 컬러 소품이나 꽃을 사용해 컬러를 시각화할 때 좀 더 쉽게 명상을 할 수 있게 된다.

2단계: 첫 번째 만다라 창조의식(20~30분)

오늘의 컬러를 손에 들고 내 손이 리드하는 대로 맡기고 따라간다. 내가 선택한 그 색깔의 몸이 되고 나의 손에서는 그 색이 줄줄 흘러 나온다고 상상한다. 손의 흐름에 나를 맡기고 움직임에 집중하면서 흐름대로 움직인다. 중간에 다른 색으로 바꿔도 좋다. 잘 그리고 못 그리고의 판단을 내려놓고 그저 펼쳐지는 이미지를 있는 그대

2단계 첫 번째 만다라 창조의식 1

2단계 첫 번째 만다라 창조의식 2

로 바라본다. 이때 여러 감정과 몸의 감각이 느껴질 것이다. '아, 내가 가슴이 답답하구나. 화가 나는구나'라고 스스로 알아준다. 4레벨의 자각과 함께 만다라를 창조하는 과정은 무의식의 억압된 감정과 부정적인 파동을 정돈하는 것이다. 무의식의 흐름이 내 손에서 멈출 때 만다라가 완성된다. 완성된 만다라를 바라보고 이 만다라가 나에게 어떤 말을 할까 상상해보자. 오늘의 주제를 만다라의 빈 공간에 적고 셀프리딩을 하면서 그 내용을 적어본다.

여기까지 컬러 만다라 명상을 마무리해도 좋지만 다음 과정을 이어갔을 때 만다라 명상의 효과는 더욱 크다.

3단계: 서클 명상 & 컬러 명상(3~5분)

새로운 종이에 원을 그린 후 첫 번째 컬러 만다라 명상과 같은 주

4단계 두 번째 만다라 창조의식 1

4단계 두 번째 만다라 창조의식 2

제의 색으로 명상을 진행한다.

4단계: 두 번째 만다라 창조의식(20~30분)

첫 번째 만다라와 같은 방법으로 만다라를 한 장 더 그린다. 자신의 세상을 바라보고 움직이고 머무는 것을 반복하다 보면 다시 내 앞에 새로운 만다라가 창조된다. 그리고 첫 번째 만다라에서와 같이 이 만다라의 주제를 적고 스스로 해석하면서 떠오르는 것을 적어본다.

그런 후 두 장의 만다라를 동시에 펼쳐서 바라보면 짧은 시간에 놀라운 내면의 변화를 알아차릴 수 있다. 두 번째 만다라는 처음 만다라보다 더 밝아지고 새로운 에너지로 가득 차 있다. 짧은 시간 안에 자각과 통찰로 내 마음이 어떻게 정돈되고 밝아졌는지를 시각적으로 확인할 수 있다. 내 마음이 정돈되고 밝아진 만큼 나의 현실도 그렇게 변화할 것이다. 우리는 이러한 내면의 변화를 두 장의 만다라를 통해 확인하게 된다.

5단계 자기 축복 명상 세션

5단계: 자기 축복 명상 세션(자신의 만다라를 바라보면서 읽는다)

(만다라 두 장을 나란히 놓고 변화된 마음을 바라본 후 두 번째 만다라에 집중하여 세션을 진행한다.)

이 만다라가 나에게 사랑을 전하고 있습니다. 그 사랑을 느낍니다. 나의 세상인 이 만다라가 나에게 축복을 전하고 있습니다. 그 축복을 받아들입니다. 나의 세상인 이 만다라가 나에게 감사를 전하고 있습니다. 그것을 호흡과 함께 받아들입니다. 나는 나를 축복합니다. 나는 세상을 축복합니다. 세상은 나를 축복합니다. 우리 모두는 하나인 전체입니다.

6단계: 만다라 소멸의식

눈을 감고 상상 속에서 오늘의 만다라들을 모두 소멸시킨다. 바깥에서부터 안쪽으로 이미지가 소멸되는 것을 상상한다. 공의 자리를 체험하면서 새로운 창조의 시작점을 만들게 된다. 내가 창조한 오늘의 마음들을 소멸하고, 나는 이제 새로운 시작점에 서 있다. 울고 웃던 나의 마음들이 만다라 안에서 풀리고 흘러갔다. 모든 경험들이 지나간 이 공의 자리에서 나는 무엇을 창조할 것인가. 내가 진정 원하는 것은 무엇인가.

부모님을 통해 알아가는 근원 만다라 명상

근원 만다라 명상은 고유 주파수를 가진 컬러와 도형으로 자신의 근원인 부모와의 관계를 회복하는 명상 프로그램이다.

| 근원 만다라 명상의 효과 |

* 내 삶의 근원이며 모든 관계의 시작인 부모를 있는 그대로 존중하게 됩니다.
* 근원적 가족 관계를 회복하고 편안한 안정감을 가져옵니다.
* 이해와 용서를 통해 자신의 근원인 부모를 받아들입니다.
* 내면의 중심이 회복되고 자신을 존중하게 됩니다.
* 생명에 대한 존중과 사랑이 생기고 근원의 힘을 회복합니다.
* 트라우마가 치유되고 미해결된 감정이 아름답고 부드럽게 풀립니다.

태어나 가장 처음 관계를 맺는 사람, 부모님

부모님은 내가 지구에 태어나서 처음 관계를 맺는 사람이다. 아이에게 부모는 세상의 전부이자 신과 같은 존재이며 매순간 부모를 바라보고 동일시하고 모델링하면서 자라게 된다. 또한 부모와의 관계는 모든 관계의 시작이기에 부모에 대한 서운함과 상처 등 아직 미해결된 감정이 있다면 그것이 치유되어야 삶이 풀리기 시작한다.

부모는 내 생명의 원형이기 때문에 부모에 대한 원망이나 원한이 있는 사람은 세상에서도 온전하게 설 수 없다. 엄마처럼 살지 않겠다고 외치던 사람은 자기도 모르게 엄마와 같은 삶을 살게 된다. 아빠 같은 남자와 결혼하지 않겠다고 외치던 사람은 아빠와 비슷한 남자를 만나서 살게 된다. 이렇게 부모에 대한 부정적 감정의 마이너스 에너지가 자신의 삶에서 그대로 반복된다. 나의 부모님이 어떤 개성을 가지고 사셨든 그분들을 있는 그대로 존중할 때 관계의 회복과 풀림이 시작된다.

눈에 보이지 않는 작은 정자와 난자의 씨앗이 인연이 되어 사랑으로 진동해 ‘나’라는 생명이 탄생되었다. 두 남녀는 우주적 인연으로 음양이 온전하게 결합되어 내가 태어났다. 우리의 DNA 안에는 부모에게 물려받은 몸에 대한 정보뿐만 아니라 마음에 관한 모든 정보들이 기록되어 있다. 우리는 부모의 모든 것을 물려받았다. 따라서 자신의 부모를 부정하는 것은 자기 자신을 부정하는 것과도 같다. 우리는 근원 만다라 명상을 통해 자신의 부모를 있는 그대로 바라보고 존중할 수 있게 된다. 이때 비로소 나는 독립된 자신의 삶을 시작할 수 있게 된다.

근원을 있는 그대로 바라볼 때 행복이 시작된다

우리는 종종 “부모라면 이래야 하는 거 아냐?”라고 말한다. 그러나 이것은 자기 생각의 틀이다. 내가 부모님을 내 생각대로 바꾸려고 하면서부터 전쟁은 시작된다. 나의 아버지는 매우 고지식하고 큰소리를 잘 지르시는 분이다. 우리 어머니도 비슷한 분이셔서 집안 분위기는 늘 싸늘했다. 나는 TV에 나오는 듯한 자상하고 부드러운 이상적인 아버지와 어머니를 원했고, 그렇지 않은 나의 부모님을 오랫동안 원망해왔다. 그분들을 있는 그대로 바라보기까지 참으로 오랜 시간이 걸렸다. ‘이래야 한다, 저래야 한다’의 판단 분별을 멈추고 존재를 있는 그대로 바라보는 것이 모든 관계의 핵심이다. 이것은 객관화된 신의 관점이다. 이때 비로소 모든 대상이 예쁘고 사랑스러워 보이기 시작한다. 전쟁이 멈춰지고 드디어 행복이 시작된다.

• • •

준비 12색의 색연필과 흰 종이, 컴퍼스 또는 원을 그릴 둥근 접시, 빨주노초파남보의 둥근 컬러 만다라를 준비한다.

1단계 생명 만다라 1

1단계 생명 만다라 2

1단계: 생명 만다라

둥근 원을 앞에 놓는다. 둥근 원의 중심은 나의 생명의 시작점이다. 그 시작점을 느끼고 정자와 난자의 온전한 결합의 순간을 느껴본다. 정자와 난자의 생명 에너지가 함께 진동하여 하나의 세포인 수정란이 되는 순간은 우주가 진동하는 빅뱅의 순간이다. 그 우주적 진동을 잠시 느껴본다.

나라는 생명이 시작되는 순간 이 진동을 시작으로 내 몸과 마음이 만들어졌다. 하나의 우주가 만들어진 것이다. 부모가 어떠한 개성을 가지고 있든, 또는 어떠한 삶을 사셨든지 '나'라는 생명은 우주의 진동 안에서 만들어진 순수한 생명 에너지다.

지금 떠오르는 색깔을 선택해서 만다라의 중심에서부터 손의 흐름을 따라서 생명 만다라를 그려나간다. 중간에 색을 바꾸어도 좋고 어떤 색이든 도형이든 다 좋다. 이렇게 나의 생명 세상을 펼치면서 '나'라는 생명에 대한 존귀함과 함께 나를 탄생하게 하신 부모님에 대한 감사와 근원적 사랑을 경험하게 된다. 이 우주의 모든 생명

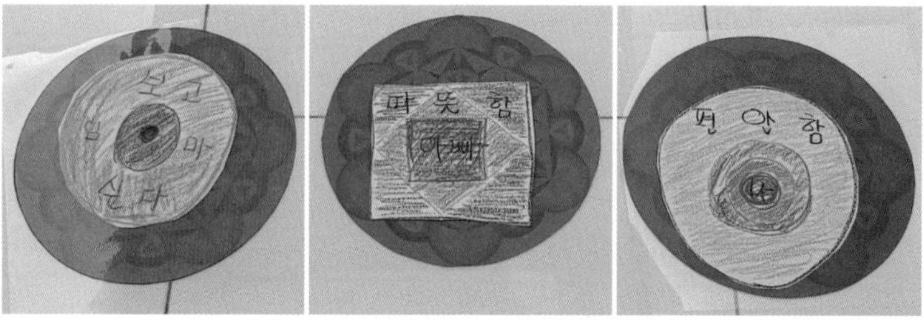

2단계 가족 만다라

이 우주의 의도 속에서 탄생되었고 내가 얼마나 위대한 생명인지 저절로 알게 되면서 이 삶이 얼마나 소중하고 감사한지 뜨거운 눈물이 흐르게 된다.

2단계: 가족 만다라

나의 어머니를 떠올렸을 때 생각나는 색깔과 도형을 선택해서 어머니의 만다라를 그리고 같은 방식으로 아버지의 만다라, 나의 만다라를 완성한다. 감정은 에너지 파동이기에 내가 부모에게 갖고 있는 서운함, 분노 등이 있다면 그것을 만다라 공간 안에서 경험시키는 과정을 통해 마이너스 감정의 파동이 풀리게 된다.

컬러 만다라의 도움으로 어머니, 아버지, 나의 가족 만다라는 새로운 관계로 정렬된다. 내가 부모에게 화가 난 이유는 그들이 내가 생각하는 방식으로 나를 사랑해주지 않았기 때문이다. 근원 만다라 명상을 통해서 부모님을 한 인간으로 바라보고, 그분들을 있는 그대로 인정하기 시작하면서 부모에 대한 이해가 시작된다.

3단계 근원 만다라 세션

3단계: 근원 만다라 세션(자신의 만다라를 바라보면서 읽는다)

어머니, 아버지, 당신들은 나의 근원입니다. 어머니, 아버지, 저에게 생명을 주셔서 감사합니다. 저에게 사랑을 주셔서 감사합니다. 부모님이 계셨기에 제가 존재합니다. 부모님이 계셨기에 저라는 생명이 존재할 수 있었습니다. 제가 이렇게 온전하게 존재하는 것은 모두 부모님 덕분입니다. 부모님이 어떻게 살아오셨든지 저는 이제 부모님을 제 생각으로 판단하지 않겠습니다. 부모님의 삶을 있는 그대로 인정하고 이제 저는 저의 삶을 살겠습니다. 부모님을 있는 그대로 존중합니다. 나의 생명의 근원이신 나의 어머니, 아버지 사랑합니다. 그리고 감사합니다.

4단계 만다라 소멸의식 1

4단계 만다라 소멸의식 2

4단계: 만다라 소멸의식

오늘 작업한 모든 만다라를 앞에 펼쳐놓고 천천히 눈을 감고 명상한 후 다시 눈을 뜨고 일어나서 바닥에 있는 모든 만다라를 걷어내면서 소멸의식을 진행한다. 내 안에서 올라오는 감정들을 있는 그대로 바라본다. 나의 한 생이 지나가고, 한 삶이 흘러간다. 내가 만든 모든 것이 소멸된 자리, 그러나 생명의 사랑이 가득한 텅 빈 공간을 느껴보자. 그 사랑의 진동수를 기억하면서 세상의 중심에 내가 있음을 잠시 동안 느껴본다.

마이너스 파동을 정렬하는 공간도형 만다라 명상

공간도형 만다라 명상은 핵심 도형의 에너지를 통해 자신의 마이너스 파동과 에너지를 재정렬하는 움직이는 명상 프로그램이다.

| 공간도형 만다라 명상의 효과 |

* 내면의 이미지를 공간에 펼쳐서 내 삶의 관계의 지도를 이해합니다.
* 명상적 움직임을 통해 무의식을 정돈하여 자아정체성을 찾아갑니다.
* 신체적, 감정적, 인지적, 영적인 통합적 자각 훈련을 합니다.
* 자신과 타인에 대한 이해와 심리적 관계를 이해하고 자각합니다.
* 관계의 지도를 통해 연결감을 느끼고 심리적 거리를 알아차리고 사회적 감각을 발달시킵니다.
* 내적 자아와 균형과 통합을 이루도록 합니다.

기본 도형이 가지고 있는 핵심 에너지

우리 눈에 보이는 모든 것들은 다양한 색과 형태로 이루어졌다. 가장 기본이 되는 도형들은(△▽✡□○) 각기 고유한 파동과 핵심적 에너지를 가지고 있다. 따라서 고대의 건축물과 신전, 예술 작품에서는 이러한 핵심 에너지를 가진 기본 도형을 활용해서 공간과 작품에 그 특별한 에너지를 부여했다. 그룹 세션으로 진행하는 공간도형 만다라 명상은 기본 도형을 그려보고 또 기본 도형을 테이핑한 후 몸을 움직이면서 무의식의 마이너스 파동을 정돈하는 명상이다. 공간의 바닥에 컬러 테이프를 붙이고 도형의 꼭지점 위에서 핵심 이슈의 진동을 느끼고 이를 정렬하게 된다. 이 과정에서 감정적, 인지적, 영적 알아차림과 함께 신체적인 감수성을 일깨우는 자각 명상을 하게 된다.

• • •

준비 여러 색깔별 테이프, 도화지 5장, 12색 색연필을 준비한다.

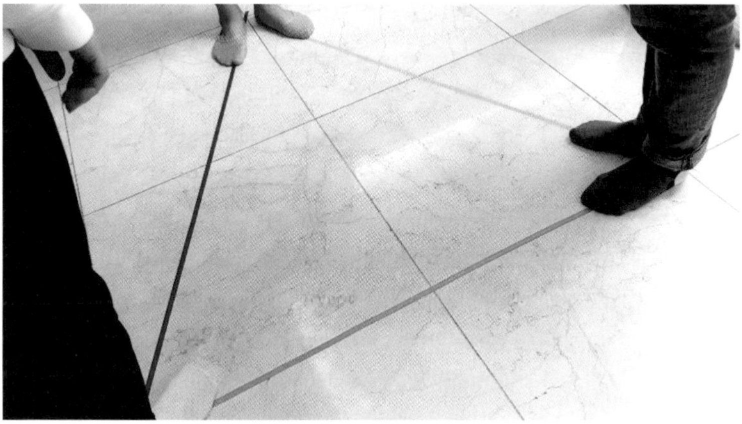

1단계 삼각형과 역삼각형 입체 공간 만다라 명상

1단계: 삼각형과 역삼각형 입체 공간 만다라 명상

우선 도화지에 빨주노초파남보의 색깔로 삼각형을 그리면서 각 색깔마다 삼각형의 에너지를 느껴본다. 역삼각형도 같은 방식으로 진행한다. 바닥에 삼각형의 형태로 색 테이프를 붙인 후에 삼각형의 각 꼭지점에 서서 자신의 핵심적 이슈를 인식하고 그것을 느껴본다.

(엄마, 아빠, 나), (사랑, 돈, 나), (몸, 마음, 영혼)

2단계: 육각형 입체 공간 만다라 명상

도화지에 삼각형과 역삼각형을 결합한 육각형을 빨주노초파남보의 색깔로 그리면서 각 색깔마다 그 에너지를 느껴본다. 그리고 공간의 바닥에 색 테이프로 삼각형과 역삼각형을 결합한 통합 에너지를 만든다. 육각형의 중심부에 모이는 에너지를 느끼면서 핵심 이슈

2단계 육각형 입체 공간 만다라 명상

를 정돈하는 명상으로 가운데 앉아 있는 주인공에게 함께하는 사람들이 현재 필요한 컬러 에너지를 보낸다.

3단계: 사각형 입체 공간 만다라 명상

도화지에 빨주노초파남보로 사각형을 그리면서 각 색깔마다 에너지를 체험한다. 공간의 바닥에 색깔별로 사각형 모양을 테이프로 붙인 후 사각형을 자신의 땅, 집, 성공, 돈 등의 현실적 주제라고 인식하고 사각형의 안과 밖에서 그것을 느끼고 움직이면서 정돈한다.

4단계: 원 입체 공간 만다라 명상

도화지에 빨주노초파남보 컬러로 원을 그리는 체험을 한 후 색 테

5단계 통합 만다라 명상

이프를 통해 원의 에너지를 체험하는 움직이는 명상이다. 공간의 바닥에 커다란 원을 테이프로 붙인 후 주제에 맞는 이슈를 정돈한다.

5단계: 통합 만다라 명상

먼저 도화지에 통합 만다라를 그린다. 그리고 모든 기본 도형이 포함된 통합 만다라를 바닥에 테이프로 붙인 후 자신의 핵심 감정을 경험하고 이를 소멸한다.

6단계: 만다라 소멸의식

모든 명상 작업을 마치고 바닥에 붙여진 도형들을 바라본 후 테이프를 떼어내는 작업이다. 떼어낸 테이프를 동그란 공으로 만들어서

6단계 만다라 소멸의식

공간 밖을 향하여 던진다. 이 삶에서 울고 웃으며 경험된 모든 것들이 한순간 사라진다. 모든 경험들이 흘러간 빈 공간, 공의 자리를 입체적으로 체험하는 핵심 단계다. 이제 나는 텅 비워진 나의 세상에서 무엇을 만들 것인지 명상한다.

3차원 만다라,
마음꽃 큐브 세우기

마음꽃 큐브 세우기는 자신의 핵심 이슈를 시각화, 입체화하여 자각하고 에너지를 재정렬하는 상담 프로그램이다.

| 마음꽃 큐브 세우기 명상의 효과 |

* 안전한 만다라 공간에서 내 삶의 관계를 입체화시켜 재정렬합니다.
* 관계의 이슈를 시각적으로 명료하게 정돈합니다.
* 자신의 삶을 입체화시켜 삶의 주인공으로 서도록 합니다.
* 무의식의 역동과 풀림을 시각적으로 경험하면서 강력한 치유가 일어납니다.
* 입체화된 에너지 역동을 통해 핵심 이슈를 명확하게 정돈합니다.

삶이 마법처럼 풀리는 상담 도구, 큐브

'큐브 세우기'는 2차원의 만다라 세상을 3차원으로 입체화하여 개발한 자각 프로그램으로 지난 10년간의 만다라 연구를 기반으로 개발되었다. 자신의 핵심 이슈를 130개 큐브 중에서 선택해서 만다라 공간에 세우고 그것을 시각적으로 객관화시켜 바라보고 자각한다. 그리고 만다라 공간 안의 큐브 에너지의 흐름을 통해 관계를 재정렬하는 진화된 상담 도구이자 힐링, 세션 도구이다.

엄마와 자신의 심리적인 관계를 알고 싶은 어떤 사람이 엄마라고 생각되는 원형의 작은 분홍색 큐브를 골랐다고 하자. 그는 그것을 만다라의 중심에 놓았다. 그리고 자신이라고 생각되는 큐브를 그린의 큰 네모라고 골라서 만다라의 주변에 놓았다고 하자.

각각의 색깔과 도형은 고유한 주파수와 핵심 키워드를 가지고 있어 자신의 현재의 상태를 거울처럼 그대로 반영하게 된다. 녹색 네모의 큰 내가 핑크 원의 작은 엄마를 나의 세상의 중심에 놓고, 작고 힘없고 사랑이 필요한 엄마에게 무언가를 해주고 보살피려고 하고 있다. 이렇게 만다라 안에서 서로의 관계가 시각화되면서 객관화가 된다. 그리고 이 관계의 원인은 무엇인지, 그리고 내가 어떻게 관계의 길을 찾아가고 싶은지 하나둘 그것을 재정렬해나가게 된다. 그동안 큐브 세우기를 통해서 수많은 사람들이 마법처럼 관계가 풀리고 삶이 풀리는 경험들을 해왔다.

강력한 에너지 정렬 도구, 큐브

큐브 세우기는 안전한 만다라 공간에서 펼쳐지는 자각과 통찰 그리고 에너지 정렬의 도구이다. 13개의 컬러, 도형 5개, 2종류의 크기로 만들어진 130개의 큐브로 인간관계는 물론 핵심 감정과 건강, 진학, 연애, 직업, 물질 등을 정렬한다. 만다라 공간에 자신이 선택한 큐브를 놓는 위치와 놓는 순서에 따라 에너지가 바뀌면서 자신의 별

큐브 세션 1

자리가 바뀌고 행성의 배열이 바뀌게 된다. 그 과정이 빠르고 재미있고 쉽게 진행된다. 만다라 공간에서 모든 것을 있는 그대로 바라보는 객관화된 시각은 엉켜 있는 모든 관계의 매듭을 하나둘 풀리게 한다. 자기 자신조차 객관화시켜 있는 그대로의 자신을 바라볼 때 우리는 명상의 궁극으로 나아갈 수 있다.

큐브 세션 2

부록

만다라 개념 정리 Q&A

Q. '만다라'란 무엇을 의미하나요?

A. 만다라는 고대인도 산스크리트어로 '원'을 의미하며 '우주의 원리를 담은 깨달음의 그림'이고 티베트 불교 미술을 대표하기도 합니다. 또 우주의 진리를 담은 그림이기에 예로부터 행운을 부르고 부정을 쫓는 행운의 그림, 마법의 그림, 비밀의 그림이라 불렸습니다.

그러나 상징으로서의 만다라는 역사적으로 동서양 곳곳에서 볼 수 있습니다. 기독교의 성화나 고딕 성당의 스테인드글라스, 고대 암각화, 인디언의 드림캐처, 메디슨 휠 등에서도 볼 수 있는데요. 이렇듯 원의 형태는 고대로부터 많은 문화권에서 전통적으로 치유 의식에 사용됐습니다.

또 예부터 진리의 형상을 '둥근 원'의 형태로 많이 나타내는데요, 극대의 세계인 우주, 극소의 세계인 원자의 구조, 우리의 세포도 원이고 우리가 보는 눈의 안구 구조도 원입니다. 원을 통하여 세상을 바라보는 것이지요. 이처럼 원은 생명의 패턴이며 중심을 가지며 이러한 원들이 모여 물질이 창조가 됩니다.

Q. 만다라는 심리 치료에 어떻게 사용되고 있나요?

A. 말씀드린 것처럼 상징으로서의 만다라는 동서양 곳곳에서 볼 수 있

는데요. 현대 분석심리학자이자 정신의학자인 카를 융은 심리적 위기에 빠져 있을 때 만다라가 무엇인지 전혀 정보가 없는 상태에게서 매일 일기장에 자신의 내면을 표현하는 원의 형태를 그리면서 스스로 치유가 되는 경험을 하였습니다.

이후 만다라가 내면세계를 비추는 거울이라고 정의하고 이를 심리치료에 적극 도입을 했습니다. 카를 융의 연구 이후 만다라는 개인의 정체성을 찾아가는 과정으로 인식되면서 서구에서 현대 심리치료뿐 아니라 여러 분야에 이미 널리 적용되고 있습니다. 이미 서양에서는 만다라를 종교적 관점이 아니라 예술과 마음치유 관점으로 접근하고 있습니다.

Q. 만다라 명상으로 힐링이 가능한가요?

A. 만다라 명상은 내면 세상을 시각화한 명상입니다. 명상은 자신을 높이 끌어올리는 작업이 아니라 고요히 현재 있는 그대로의 나의 몸과 마음을 알아차리는 것입니다.

현대 양자물리학에서 밝히고 있듯이 물질이든 마음이든 모든 것이 파동이며 에너지입니다. 명상을 통해 제작된 만다라 작품은 각각의 주제, 예를 들면 사랑, 축복, 풍요, 감사 등에 주제에 맞는 고유한 파동과 에너지가 컬러와 형태를 통해 드러난 그림입니다.

다양한 색과 형태로 이루어진 것이 만다라이며 색의 조화는 바로 우주의 조화입니다. 이를 통해 마음의 치유가 일어나 에너지의 균형을 가져오며 내면세계의 조화와 균형이 회복되게 됩니다.

만다라 명상을 하루 2-3회 꾸준히 하게 되면 몸과 마음에서 큰 변화가 일어납니다. 특히 학생이나 직장인들에게는 학습능률이 오르고, 스트레스도 해소되며 긍정적 에너지와 고요한 안정감을 얻게 됩니다. 같은 주제로 일정한 기간 명상을 해도 좋고 주제를 바꾸어 3, 4일 간격으로 해도 좋습니다. 또한 처음에는 100일간 꾸준히 해보는 것이 좋으며 오랜 기간 동안 하게 되면 마음뿐 아니라 삶에서도 긍정적인 변화를 가져올 수 있습니다.

Q. 만다라 명상을 한 사람들은 어떤 느낌을 갖나요?

A. '만다라를 하루에 한 장씩 그리는 사람은 우울증에 걸리지 않는다'라는 말이 있는데요. 만다라 힐링의 효과는 동서양의 많은 논문들과 임상을 통해 이미 밝혀졌습니다. 만다라를 통해 자신의 내면을 바라보고 그것을 인식하는 과정을 거치면서 내면의 에너지가 정돈되며 질서와 조화를 회복하고 무의식과 의식의 균형을 회복합니다. 만다라라는 우리 내면의식의 거울을 통해 자신의 내면의 상처가 치유되고 진정한 자아를 찾아가는 것이지요.

Q. 만다라를 직접 그리면 어떤 것들을 느끼고 배우게 되나요?

A. 만다라 명상은 그림을 통한 힐링입니다. 힐링은 바로 정화입니다. 만다라를 그리기 전 편안한 자세로 몸과 마음을 이완하면서 생각을 내려놓고 고요함을 체험하면서 내면에 동그란 신성의 공간을 만들게 됩니다.

그런 후 그림을 그리고, 그 그림을 읽는 과정을 거치게 됩니다. 그러면서 나의 내면의 갈등이 의식세계로 떠오르면서 여러 가지 묶였던 감정들이 종이 위에 색과 형태로 드러나게 됩니다. 이것이 객관화되면서 스스로 자기 치유가 일어나게 됩니다.

처음에는 내면의 억압된 감정들이 올라와서 우시는 분들도 계시는데요. 여러 차례 회차를 거듭할수록 내적인 에너지가 균형을 이루면서 아름다운 자신만의 만다라가 피어오르게 됩니다. 이러한 과정을 통해서 마음에서 풀림과 치유가 일어나면서 내면세계의 조화와 균형이 회복되는 것이지요.

우리나라 사람들은 슬픔과 아픔을 참고 억누르는 경향이 있는데 그렇게 되면 삶에서 그것들로 인하여 많은 불편함을 겪게 됩니다. 따라서 그것들을 피하거나 억누르기보다는 그 아픔들이 잘 흘러도록 해야 합니다. 즉, 자신의 아픔을 충분히 스스로 알아줄 때 아픔이 흘러가는데 그것이 바로 치유이며 그래야 삶이 편안하고 자유로울 수 있습니다.

Q. 만다라 명상이 학생들에게도 도움이 되는지 궁금합니다.

A. 물론입니다. 동아리 활동으로 그림 명상을 진행하면서 놀라운 경험들을 많이 하는데요. 본성에 가까운 우리 아이들은 고요한 체험을 통하여 어른들보다 훨씬 더 쉽게 자신의 내면으로 향합니다. 눌려있던 감정을 풀어내면서 마음 안에 있는 밝음, 사랑과 행복을 찾게 되고 정서적인 안정감, 자존감과 집중력도 높아지게 됩니다.

에필로그

축복 만다라의 중심으로 들어가다

내가 만다라의 중심에 서 있다고 상상하라

잠시 고요한 마음으로 눈을 감고 자신을 중심으로 둥근 원을 그려보자. 그리고 원의 중심에 고요한 내가 있다고 상상하라. 아름다운 빛이 흐르는 신성한 땅, 이 동그란 만다라의 중심에 내가 있다. 이 둥근 만다라는 내가 어디를 가든지 나를 안전하게 보호한다고 상상하라. 그리고 지금 이 순간 떠오르는 색이 내 만다라 공간에 가득 채워지는 것을 상상을 하라.

예를 들어 사람들이 너무 많은 버스나 지하철, 마트에 있을 때 '지금 나에게 어떤 컬러가 필요한지'를 떠올려보고, 그 순간 녹색이 필요하다면 자신의 만다라 중심에서부터 녹색을 입히는 것이다. 그렇게 되면 나는 녹색 에너지의 보호를 받게 된다.

우리의 한 생각, 한 마음은 에너지를 만들고 파동을 일으킨다. 보이지 않는 우리의 생각과 마음은 모든 창조의 시작이 된다. 많은 스트레스와 불안을 가지고 있는 현대인들이 이렇게 안전한 만다라의 중심에 있는 자신을 시각화하면 짧은 시간에 보다 쉽게 편안해지고 안정감을 가질 수 있게 된다.

내가 나를 둥글게 안아준다

복잡한 현대사회를 사는 현대인들은 심한 스트레스를 겪고 있다. 해결되지 못한 불편한 감정을 가지고 어떻게든 행복하게 살고자 애를 쓰고 있다. 스트레스가 높다는 것은 삶이 힘들다는 것이고 행복은 저 멀리에 있다는 것이다. 우리는 어떤 상황에서 감정이 불편해지면 순간적으로 참고 누르면서 그냥 지나가지만, 이렇게 해결되지 못한 감정들은 무의식에 차곡차곡 저장된다. 고여 있는 물이 썩는 것처럼 고여 있는 감정은 우리의 마음을 병들게 한다.

희노애락의 수많은 우리의 감정들은 모두 존중받아야 한다. 우리가 감정을 충분히 느끼고 자신이 왜 그런지 자각할 때 머물렀던 감정은 풀리고 흘러갈 수 있다. 내가 지금 어떤 일 때문에 슬프다고 하자. 그러면 자신만의 안전한 공간에서 그 슬픔을 충분히 느끼면서 눈물을 흘리고 왜 내가 슬픈지 자각하여 '슬픔'이라는 다리를 건너 나아가야 한다. 서구의 이성과 합리적 사고는 보이지 않는 마음의 해결 방법을 가르쳐주기에는 역부족이다.

만다라는 안전한 마음의 공간을 만들고, 내면의 치유과정을 쉽고 빠르게 안내하고, 그것이 그리 아프지 않고 아름답게 흘러가도록 하는 위대한 치유의 힘이 있다.

아프고 힘들었던 지난 시절, 나는 만다라를 그리면서 내면의 빛을 찾았다. 그 후 많은 사람들에게 다양한 방식으로 만다라를 안내한 지 10년이 되었다. 그리고 그들이 나처럼 어두운 그림자에서 빠져나와 밝아지는 것을 볼 수 있었다. 만다라는 아프고 힘든 자기 자신을 이해하고 그러한 자신을 안아주면서 내면에 빛을 찾아가는 아름다운 여정이다. 그리고 우리는 만다라의 고요한 중심의 힘으로 자신이 진정 원하는 것을 찾아서 나아가게 된다.

카를 융은 스스로 만다라 치유 경험을 통해서 만다라는 마법의 원, 영혼의 창이며 무의식을 치유하고 자아정체성을 찾아가는 도구라고 했다. 안전한 만다라 공간 안에서 분리되고 분열된 무의식의 이미지들은 점차 조화와 균형을 이루면서 통합으로 나아간다.

만다라의 명상적인 움직임을 통해 내면의 파동이 온전하게 정렬되면서 정신적, 감정적, 육체적, 영적 차원의 통합적인 치유가 이루어지면 자신이 진정 원하는 것은 무엇인지 또 그것을 위해 무엇을 할 것인지를 찾아 앞으로 나아가게 된다.

이제 동양의 오래된 지혜인 명상이 현대인에게 행복으로 가는 길을 안내하는 대안으로 떠오르고 있다. 바쁘고 지친 현대인에게 맞는 명상법이 필요한 시점이다. 만다라는 자신의 마음 세상을 시각적으로 객관화해서 바라보면서 '자기 관찰-자기 이해-자기 통찰'의 과정을 통해서 현대인에게 쉽고 재미있고 빠르게 강력한 명상 효과를 가져다준다.

명상의 궁극, 만다라

만다라 명상은 자신을 중심으로 커다란 둥근 원을 만드는 서클 명상으로 시작되어 그 둥근 원의 중심에 고요한 자신을 세우는 빈두 명상으로 이어진다. 그리고 고요한 중심에서부터 자신의 세상을 펼치는 만다라 창조가 시작된다. 만다라는 컬러와 도형으로 펼치는 자신의 내면 세상이다.

그동안 눈에 보이지 않았던 치유의 원리들이 현대과학에 의해 하나둘 밝혀지고 있다. 모든 물질은 파동 형태로 이루어져 있으며 진동하는 에너지다. 고유한 주파수를 가진 색과 도형, 재료들을 이용해서 몸과 마음에서 부조화와 불균형의 파동을 재정렬하는 것이 만다라 명상이다. 명상의 마지막 의식으로는 한동안 정성을 다해 만든 나의 세상인 만다라를 한순간에 소멸하면서 놀라운 자각을 하게 된다. 그동안 내 안에서 머무르고 흐르지 못한 아픈 경험들이 만다라 안에서 경험되면서 엉킨 것이 풀리고 막힌 것이 드디어 흘러가는 것이다. 텅 비어 있지만 축복으로 가득 찬 만다라를 바라본다. 모든 것을 원래의 자리인 '공'으로 돌려보내면서 무상(無相)을 깨닫게 된다.

내가 만든 이 세상, 기쁨도 아름답고 슬픔도 아픔도 아름답다. 이 삶은 단지 내가 이 지구에서 경험해야 할 것들을 경험하는 것이다. 모든 것이 아름다운 나의 세상, 모든 것이 사라진 공의 자리에 나는 다시 새로운 세상을 만들어간다.

마음이 꽃피면 삶이 축복이다

다양한 색깔과 재료들을 사용해서 빛나고 아름다운 만다라 세상을 만들다 보면 내 안의 그림자가 저절로 정화되고, 그동안 그림자에 가려져 있던 내면의 빛들이 깨어나기 시작한다. 내면 세상이 빛으로 환해지면 내가 고통의 그림자를 없애려고 하지 않아도 저절로 세상은 환해진다. 내면이 밝아지면 다시 힘이 생기고, 자신이 원하는 것을 향해서 나아갈 수 있게 된다.

우리는 아픔과 상처를 통해서 점차 앞으로 나아가는 것을 배우게 된다. 나의 그림자와 만나는 것도 중요하지만, 만다라 명상의 핵심은 내면의 빛을 꺼내는 작업이다. 내 안의 빛을 꺼내는 만다라 명상을 통해 내면 세상이 밝아지면 더 이상 그림자와 싸울 필요가 없기 때문이다.

앞으로 많은 분들이 이 책을 통해 만다라를 만나 내면의 빛을 밝히길 바란다. 밝아진 내면의 빛으로 가정이 밝아지고, 직장이 밝아지면서 세상이 밝아질 것이다. 모든 치유는 자기 자신으로부터 시작된다. 우리는 모두 빛의 존재이며 축복의 존재라는 것이 위대한 명상의 도구 만다라의 메시지다.

마음꽃세상에서
정연우

마음꽃 만다라 명상 프로그램 안내

"내 마음이 꽃피면 삶이 축복입니다."

마음의 행복을 찾는 명상의 시대입니다. 내 마음이 어디에 있는지, 어떻게 생겼는지 보이지 않기에 마음을 찾기가 어렵다고 합니다. 시각적 자각을 안내하는 만다라 명상은 생각이 많고 복잡한 현대인들이 쉽고 빠른 시간 안에 스트레스를 해소하고 내면의 안정감을 찾을 수 있는 예술 명상이자 에너지 명상입니다.

만다라 명상은 온전한 축복의 파동을 몸과 마음으로 경험하면서 자신이 원하는 행복으로 나아가는 내 삶의 지도 찾기입니다.

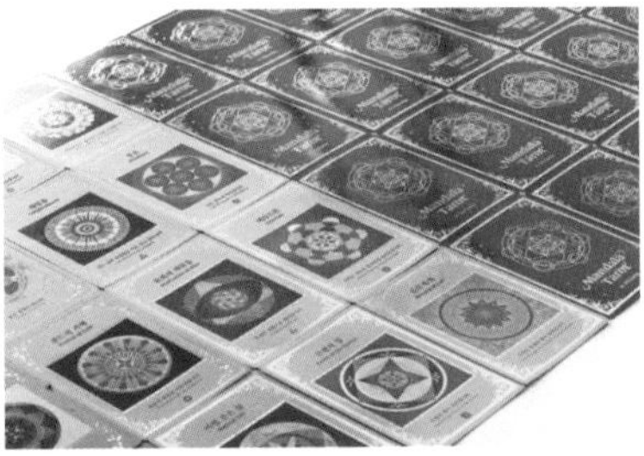

만다라 명상 (전문자격 과정)	내용	• 마음꽃 만다라 명상의 원리와 매커니즘 • 체계적인 이론과 실습으로 만다라 명상의 핵심을 경험함 • 꽃, 모래, 야채·과일, 과자, 비즈 등 다양한 파동을 가진 재료를 통한 만다라 그룹 명상 지도 기획의 실제와 진행법
	추천 대상	• 마음공부와 명상을 쉽게 시작하고 싶은 분 • 스트레스가 많고 집중이 안되고 정서가 불안한 분 • 생각이 많고 감정 조절이 잘 안되고 삶의 목적을 찾고 싶은 분 • 만다라의 시각적 자각과 함께 영적 체험을 통해 성장을 원하시는 분 • 만다라에 대한 체계적이고 심층적 이해로 만다라 명상가가 되실 분
	기대 효과	• 마음이 고요해지고 정서가 안정되고 스트레스가 해소 • 불안과 부정적 마음이 사라지고 고요한 중심을 회복 • 짧은 시간에 부정적 파동을 긍정으로 회복 • 예술 명상을 통한 의식, 감정, 몸의 통합과 핵심 에너지 재정렬 • 만다라 명상 지도의 실제와 실습을 통한 전문가 양성
만다라 아트 (전문자격 과정)	내용	• 만다라 작품을 제작하는 소그룹 작가 양성 특별과정 • 동양화 재료를 사용한 전통 만다라와 창작 만다라를 제작 • 명상과 함께하는 만다라 작품 제작을 통한 무의식 정렬
	추천 대상	• 마음공부와 명상을 예술 명상으로 하고 싶은 분 • 만다라 작품 제작을 통해 강력한 집중명상을 경험하고 싶은 분 • 앞으로 만다라 명상 아티스트로 활동하고 싶은 분
	기대 효과	• 만다라 시스템을 이해하고 제작 과정에서 강력한 집중명상을 체험 • 만다라를 제작하면서 명상의 정수를 경험하고 내적 균형을 이룸 • 전문적 실습과 에너지 훈련을 통해 만다라 작가로 활동할 수 있음 (그림 실력과 무관)

만다라 타로 (전문자격 과정)	내용	• 긍정 메시지를 가진 만다라 타로를 통해 내 삶의 지도 찾기 • 컬러와 도형에너지, 신성기하학, 수비학으로 이루어진 새로운 타로 시스템 • 명확한 시각적 자각과 동시에 에너지 정렬
	추천 대상	• 현재 자신의 상황에서 새로운 방향성을 찾는 분 • 자기 자신을 이해하고 내면의 성장을 원하는 분 • 쉽고 특별한 에너지를 가진 상담 도구를 찾는 분
	기대 효과	• 강력한 시각적 자각을 통한 에너지 정렬 • 관계, 일, 성공 등 개인의 이슈가 빠른 시간에 정렬됨 • 체계적인 이론과 실습을 통한 타로 상담 전문가 양성